円空　破れ笠

――人間円空の物語

村岡信明

天地人企画

江戸時代初期、自らを〝沙門円空《しゃもんえんくう》〟と呼ぶ聖《ひじり》（山伏・修験者）がいた。
出自も生涯も多くは不明であるが、今日まで発見された
円空像五千余体が実在していることは確かである。
渓流の源をたどれば分水嶺の稜線に消えてゆくように、
謎に包まれた円空もたどれば高山峻岳の稜線に消える。

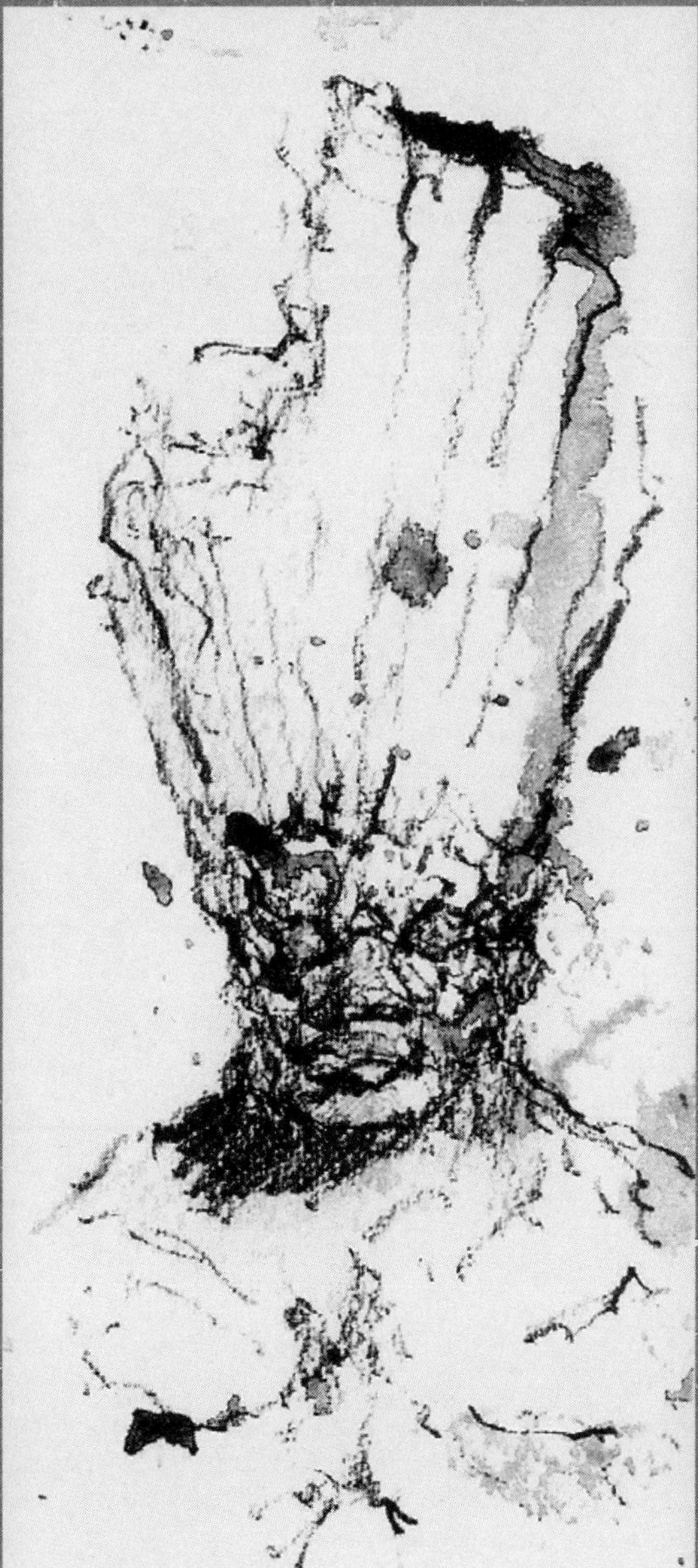

目次

Ⅰ　夏山の一夜

第一章　漂泊の渓 ―― 17

第六章　円空 秋田平野（横手盆地）を行く―――173

終章

Ⅰ　夏山の一夜

第一章　漂泊の渓

一　漂泊《ひょうはく》の渓《たに》

渓谷の朝は深いガスに包まれて明けていく。木曽御嶽《きそおんたけ》・王滝川《おうたきがわ》支流の中州から見ると、川面は厚い霧に覆われて、上空は紫色の明るみを帯びていた。本流は川面のあたりがわずかに透けて見え、かなりの速さで水平に流れていた。

中州で軽く屈伸運動をしてから、浅瀬の中へ入っていき、いつものように冷たい渓流に顔を浸けると、そのままの格好で水をゴクッと飲んだ。毎日、山の一日はこうして始まった。

ある日の朝、中州の砂の上に一本の流木が埋まっているのを見つけた。引き抜くと三〇センチほどの木切れで、流木特有の滑らかな肌に、まだらな茶色の縞模様があった。

握り返すとなにか刻んだ凸凹があった。刻みに詰まった砂を指で掘り落としていくと、顔のようなものが浮き上がってきた。彫像の流木であった。

よく見ると下半分は朽ちかけていた。異様な顔は祈りか呪いの形相であった。そう見えてくると焚き木で燃やすこともできず、渓流の中に投げ入れた。

朽ちた木切れの彫像は新しい生命が蘇えったように波に乗り、躍りながら渓流に流されて深い霧の中に消えていった。


一片の木切れにも運命がある。一九五六年頃の夏だった。これが若き日の私と円空との出会いであった。

木曽御嶽・王滝川の中州で偶然に見つけた彫像は、後日、円空像「護法神《ごほうじん》」であることが分かった。私はこれを《朽木《くちき》護法神》と名付けた。

渓流に流されていった「朽木護法神」は、渓流のどこかの岸辺で朽ち果てたか、それとも広い海に流れ出て、いまだにどこかでただよっているのだろうか。

山に生きる人々～山に生まれ、山に生き、山で老いてゆく

翌朝、まだ明けていない朝もやの中に、ザザッ、ザザッと瀬を渡る足音が聞こえてきた。誰だろう、朝早くこんなところに来るのは、と音のするほうを見ていると、深いガスの中から黒い人影が

現れた。

近づいて来た人影は胸までかかる長靴をはいて、小さなザックを背負った五〇歳位の男だった。彼は私に気付くと一瞬おどろいたような表情で立ち止まった。

「おはよう」と声をかけると、男も、

「おはよう」と返してきた。

安心したのか男はタバコを出して火を付けた。が、それはタバコを吸うというより、悟られないための仕草であった。そうしながら目はテントの中を覗いていた。


「おらぁ伊那《いな》の人間や、毎日仕事でこうして山の中を巡回しているんや。」

〝伊那の人間〟という言葉に何か特別の意味を持たせているような言い方であった。

しばらく私を探るような会話がつづいた。でも陽に焼けた浅黒い顔は山に生きる善良な男の顔だった。俗に〝伊那谷の男〟と言われる人たちだ。

木曽谷と伊那谷は木曽山脈をはさんで両側にあるが気質はかなり違っている。でも、それぞれの気質は違っていても、ともに山に生きる人たちだ。

以前、木曽で会った木地師《きじし》に、深山の人生について聞いたことがあった。

「山で生まれ、山に生き、山で老いてゆく」と語っていたことを思い出した。

毎日山を巡回している、と言っていた男も、こうして老いていくのだろう。

まだ浅瀬に立っていた男は、

「まぁ気をつけて……」

そう言い残して、また浅瀬の中を歩き始めた。背中のザックから覗いた釣竿に岩魚《いわな》釣りの赤い浮きが揺れていた。

二　深山の奇なる出会い

木曽御嶽の森をゆく

太陽の照り具合と雲の流れで天気を見定めてから、重いザックを背負って、次のベースキャンプを求めて中州を発った。

木曽御嶽の山中は鬱蒼として陽もほとんど通さない。薄暗い茂みや木々の葉はいつも濡れている。森の中は香りのする新鮮な酸素が噴き出していた。

山の空気を胸一杯に吸い込んで歩く心地よさ。時折、ギ～ッ！と山鳥の啼き声が聞こえるが、またもとの静けさに戻る。

たしかな山道を歩いていても、道はだんだん細くなり、やがて落ち葉の重なる腐葉土の柔らかい道となり、木樵道に変わっていく。

どこに行くとも当てのない山行き、あせることもなく、そこが御獄山中であればどこでもよかった。

ザックの中には、東京ではよく見ていた地図も磁石も入っていたが、山中に入ってからはめったに使うことはなかった。

勘、自分の勘を使って未知の中州を見つけることも単独行の楽しみであった。

半日ほど歩くと、巾の広い中州が見つかった。山道を降りて行き、瀬を渡って中州に着くと、すぐにテントを張ってから、川岸の太い木の幹にザイルを結びつけ、その先端をテントの中に持ち込んで固定する。そうして雨と夜に備えた。

山の落日は早く、鳥が塒《ねぐら》を迷うことさえある。

陽が西の稜線に沈むと息詰まるような闇が襲ってくる。渓谷も山々も闇に包まれて何も見えなくなる。

テントの中は汗臭い体臭がただよう。食事をつくるのがおっくうになり、干魚をかじりながらランプもつけないで、そのまま横になっていた。
深山の夜は渓流の音だけが聞こえてくる。

闇の中に灯《あか》りが～漆黒の闇に浮かぶ幽玄の空間

♪♪　戦に荒れ果つるも、緑また萌えん　♪
　♪　親なき子たちもいまは　若者となりぬ　♪♪

いつの間に歌い出したのか、テントの中でひとりハミングを歌っていた。今までもそうであったが、歌を歌い出す時は、そろそろ孤独に淋しさを感じてきたのだ。

目に闇が慣れてくると、谷向いの森の中に小さな灯りが一つポツンと見えた。急に人が恋しくなった。雨の降る気配もなく、鉄砲水の恐れもないことを確かめると、懐中電灯だけを持って夜の山道を登っていった。

しばらく行くと荷車の通れるほどの広さの固い山道に出た。ゆるい曲がり道を出たところに灯りのついたお宮があった。

木製の古い鳥居をくぐって境内に入ると、奥に拝殿のような堂があり、戸は開けられていて裸電球が一個天井からぶら下がっていた。

中では、浴衣を着た小学生と中学生ぐらいの子供たちが一〇人ほどいて、なにかの踊りの稽古をしていた。

横笛も小鼓もなく、いちばん年上らしい男の子が口で横笛の擬音を詠いながらリズムをとり、振りを付けていた。

両手を揃えて静かに肩の上まで上げていき、また静かに降ろして、つぎはその揃えた両手を右にまわしていき、顔はうつむきながらその指先を追っていく、そうして同じ動作を左に変えていった。

それはゆっくりとした踊りで、踊りというより、ある物語を動作で表しているようであった。

さし上げられた手から浴衣の袖が落ちると、細く白い腕が蝶のように舞う。

山の精に語りかけるような横笛の擬音が、境内の木立の間を縫いながら闇の中に吸われていった。

漆黒の闇の中にわずかに明るく浮き出された〝幽玄の空間〟であった。


深山、祭りの宵宮～おじさん、どこから来たの?

境内に立ってその様子を見ていると、気づいたのか中からひとりの女の子が「上がって下さい」と声をかけてくれた。

他人《よそもん》と思っていた気持ちがゆるんで、女の子に目礼して堂の中に上っていった。畳は一畳もなく、ひんやりとした山の冷気を含んだ板張の床だった。

奥の方には大切な物が入っているのだろう。子供たちの色とりどりの手提袋が並んで置いてあった。

口ずさむ横笛の擬音が止み、踊りも終わった。数人の子供たちがこちらに寄ってきて、私をジロジロ見ながら、

「おじさん、どこから来たの?」

「下の中州から。」

「ひとりで?」

「うん。」

「ここがよく分かったね。」

「おじさん、これ飲みなよ。」

湯呑茶碗に白い飲みものを持ってきてくれた。熱い飲みものだった。重湯のようであったし、甘酒のような味でもあった。

〝おじさん〟か、幾日も風呂に入らず、ひげも髪もぼうぼうで、土と汗に汚れた服装を見てどこかの乞食とでも思っていたかも知れない。私を囲むようにして座った子供たちの目は踊っていた時

の真剣な眼差しではなく、知らないものを初めて見る時の好奇心の目だった。

子供たちにはどこか似通った特徴があった。身体つきはほっそりとしていた、顔は面長く、気品を持っていた。


振り付けをしていた年長の男の子に、何の踊りかと訊ねると、

「明日は村のお祭りで、今夜は宵宮です。村に伝わる踊りの稽古です。」

深山の夜は夏でも冷えてくる。風が出てきて裸電球が揺れていた。その下で子供たちは床板の上にきちんと正座して、さっきの熱い飲みものを飲んでいた。

深山に煌《きら》めく星群～漂泊の深山に見たのはまぼろしか？

漆黒の闇に浮かぶわずかな灯りの空間。その中に赤い花模様の浴衣を着た女の子たちが座り、黙って山の飲みものをすすっている。その空間の中で自分だけが他者《よそもの》である。それなのに子供たちは誰も私を疑ってもいないし、怖がってもいない。この接点は何だろうか、つながるものは何もない。

この子供たちと離れたくない、いつまでも一緒にいたい気持ちが強くなっていた。さらに、ここは実存の場所であろうか、それとも深山のまぼろしを見ているのだろうか、脈略のない意識が交錯

していた。

踊りの邪魔をしてはいけないので、礼を言って子供たちと別れた。

中州のテントに戻ったのはもう真夜中だった。足元ばかりに気をとられて歩いていたせいか、急に疲れが出てきた。中州の砂の上に仰向けに寝て大の字になった。

黒い山々の稜線に囲まれた夏空が顔のすぐ上に広がり、透明な光を放つ星群が見渡す限りの空に煌めいている。その真央を天の川が流れていた。

空にこれほど無数の星群が存在しているとは……。その宇宙の巨大な営みを見ていると、こうしている自分の存在が急に微粒化していき、ついに無になっていくようであった。

神秘的な夜と星群のパノラマに魅かれて、天界の果てをいつまでも探しつづけていた。

それにしても、あの子供たちはどこから集まって来たのだろうか。周辺には集落も、一軒の民家すらなかった。もっと奥に点在しているのだろう。微かに振るえていたビブラートの横笛のリズム。あれは村祭りのにぎやかなリズムではなかった。子供たちの澄んだ瞳と物静かな仕草がいつまでも印象に残っていた。

寝返りながら振り向くと、谷向こうの灯はもう消えていた。しかし、漂泊の中で深山に住む山人たちの生活を垣間見た記憶はいつまでも消えることはない。

三　えんくさん

庄内平野しょんり塚

山形県の庄内平野は、見渡す限り青々とした水田の広がる有数の穀倉地帯で、庄内平野の西には〝東北富士〟と呼ばれる夏でも冠雪した鳥海山《ちょうかいさん》が聳え、東には東北最大の山岳信仰の聖山であった羽黒山《はぐろさん》、月山《がっさん》が連なって遠望できる。その奥に本宮の湯殿山《ゆどのさん》がある。これを〝出羽三山〟と呼んでいる。

昔から庄内平野には行人《ぎょうじん》と呼ばれる湯殿山修験者が里に下りてきて、法螺貝《ほらがい》を吹き鳴らしながら村々を歩いて、加持祈祷《かじきとう》と配札を行っていた。いわゆる、出羽三山の檀那場《だんなば》であった。

庄内平野のほぼ中央に位置する余目町《あまるめまち》（庄内町）の中に、「しょんり塚」と呼ばれる一辺が約一〇メートル、高さ二メートルほどの塚がある。

〝松、樹齢千年にして、枝、地を這う〟と言われるように、塚の真ん中には大きな枝を四方に広げた老松がある。夏は田仕事をする村人たちの日陰の憩いの場になり、冬は吹雪を避ける雪囲いの替りにもなっていた。

塚の呼び名である〝しょんり塚〟の由来は誰も知らない。村人たちの間では、ふだんから、「〝正直塚《しょんじきづか》〟の訛りでねぇすか」と答えていた。

枝を広げた老松は庄内平野の歴史、幾多の変遷を見届けてきたことであろう。

聖《ひじり》が打ち鳴らす鐘の音～古老が語る、しょんり塚の由来

しょんり塚の由来を知る人がいる、と聞いたので、或る日訪ねていった。

村の旧家の古老は、親からの聞き伝えとして次のように話してくれた。

――むかし（戦国時代）、この辺りは夜陰にまぎれて逃げる落武者たちの通り道であった。どこからか盗賊の一団があらわれ、落武者を襲って刃劔や金品を奪っていった。

或る夜、闇の中を逃げてくる落武者の一群が通りかかると、待ち伏せしていた盗賊たちが一勢に襲いかかると、傷つき疲れ切っていた落武者たちは戦う力なく次々に殺されていった。

朝になると道には殺された落武者の死体が野ざらしに放置されていた。村人たちは恐がって遠巻きに見ているだけだった。そこへひとりの聖《ひじり》が通りかかり、その有様を見て驚き、近くの村人たち

を集めて大きな穴を掘り、落武者たちの死体をていねいに埋葬してから、長いあいだ経文を唱えていた。

そのあと聖は棺桶を作らせて自らその中に入って、死体の並ぶ土中に埋めさせ、土を盛って塚を作らせた。棺桶からは一本の竹筒が空気孔として塚の外に出されていた。

それから毎日、竹筒からは聖が打ち鳴らす鐘の音と読経の声が聞こえていた。

カン、カン、カン、カン、鐘の音は長いあいだ昼も夜も聞こえていたが、だんだん弱くなり、或る日、かすかな一打が風に消されたように途切れた。

村人たちは涙を流して悲しみ、塚の竹筒に花を供えて合掌した。いつの日か塚の上に墓標として一本の松の木が植えられた。それから、この塚を〝しょんり塚〟と呼ぶようになり、お盆になると松の木の根元には野辺の花が手向けられていた。

いまは花を供える人もなく、聖の語りすら忘れられていった。——

この聖の行為は、山岳信仰の戒律の〝土中入定《どちゅうにゅうじょう》〟である。

聞き取りに答えてくれた古老、本間氏も今はもう鬼籍となった。

中州の生活〜『蟹工船』・『太陽のない町』など〝プロ文〟を読む

登るだけが山の魅力ではない、山は深い懐で人間を受け容れてくれる。でも、山は天候も含めて不意に襲ってくる危険に充ちているので、山に入るのは低山でも二人以上が鉄則である。しかし私はひとりになるために入山するので、いつも単独行であった。

いままで四季を通して多くの山に入った。或る年の秋、静岡県金谷《かなや》駅から大井川鉄道に乗り、さらに井川ダム工事用のトロッコに乗って井川ダムの奥に入ったこともある。

或る年の夏、長野県上松《あげまつ》駅で下車してから、近くの営林事務所で「生命の保証はない」という条件つきの許可証にサインしてから、林道のトロッコ線に乗り終着駅まで行くと、終着地に駅はなく、切り出された原木の荷捌場であった。

原木から噴き出す桧の匂いがたちこもる中で、登山靴に履き替えてから、ザックを背負うと約六〇キロの重みが、ぐっ！と肩にくい込んできた。さあ行くぞ！両手で腰を強くたたくと気概が漲ってくる。どしっ、どしっ、と重力と闘うように山道を登っていった。

しばらく行くと細い渓流の前に小さな集落があり豆腐屋があった。そこで豆腐を一丁買った。豆腐は薄茶色で硬かったので、手に持ってかじりながら渓流に架けられた二本組みの丸太橋を渡っていった。

深山の森の中を黙々と登っていくと、事前に調べていた渓流の中州に着いた。そこをベースキャンプにして孤独な山中生活が始まった。ザックの中身といえば古本が主で、あとは味噌、塩、米という情けないほど粗末な食糧であった。

生活といっても、おかずの岩魚釣りと薪の小枝を拾うだけで、あとは中州に横になってひねもす読書にふけっていた。

古本は赤本と呼ばれて発売禁止になっていた小林多喜二の『蟹工船』から徳永直の『太陽のない町』などプロレタリア文学が多かった。その中に赤本の指定から外されていた『マルクス資本論』もあった。外された理由は、こんな難しい本を買って読む労働者はいないだろう、と聞いていた。山鳥のさえずりと渓流のざわめきを聞きながらの生活に時計はいらなかった。読み終わった古本は焚きつけに使って燃やしていった。これがいちばん確かな記憶法でもあった。だから帰る時のザックは嘘のように軽かった。

深夜 雨の単独行～雨の中に聞こえる足音、なんだろう？

深山も同じコースを二度も歩くと単独行でも気は楽になる。

北アルプスと南アルプスの山中生活はかなり異なる。山の深さといい不気味さは南アルプスのほうが原生的である。

或る年の夏、静岡県側から聖岳《ひじりだけ》・赤石岳《あかいしだけ》へ入山した時のことである。大井川の源流を過ぎたあたりで日没となり雨が降り出してきた。

野宿する場所を探しながら歩いているうちに雨が本降りになってきた。深山特有の突き刺すような太い雨、ツェルト（簡易テント）は持っていたが、この激しい雨では役に立たない。むしろ、こういう時は夜通し歩いたほうが身体も冷えず、コースもかせげるので歩くことにした。

森に覆われた深山の深夜はまったくの闇で、カンテラが照らす足元だけが明るく浮き上がっていた。傘に降る雨の音を聞きながら黙々と歩きつづけた。

――こうして山中をただよい歩く時間は人生の無駄じゃないのか、いや、自分を孤独の極限におく体験は、体験することだけで貴重なんだ――。など、孤独な時に意識する自問自答のくせがまた出てきた。

深夜になると雨も小降りになり、雨雲を透して照らす月明かりに山道がおぼろげに見えてきた。しばらく行くと、後からザワザワと異様な音がついてくる、何だろう、耳鳴りのせいだろうか、そう思って歩きつづけていたが、音はいつまでもついてくる。

静かに降る雨の中、先を急ぐかのような足音である。それもひとりではない、多勢の足音だ。濡れた草鞋《わらじ》の足音のようでもあった。

気になるので立止まって振り向くと、その音も消えた。ふたたび歩き出すと、木の葉を打つ雨の音にまざって、また聞こえてくる。

たしかに聞こえている。間違いなく濡れた草鞋の足音だ。その足音がだんだん近づいてくる。ピシャピシャ、ピシャピシャ、すぐ背後まで迫ってきた。ぞっ！とする恐怖感が全身に走った。こんどは止らずに振り向くと、音も消えた。

じっと見据える闇の中に、夏の雨だけが沛然《はいぜん》と降っていた。

雨の夜明けに一泊を乞う～空腹と夜通し歩いた疲れが出てきた

夜が明けると雨は上り、山の中は濃い霧に包まれていた。やがて霧が晴れていくと、谷をはさんで点在する家々が見えてきた。深山の村落は隣家に行くにも谷を越えて行く。

ヤッケ（合羽）を脱ぐと服もすっかり雨に濡れていた。山道で服を着替えてから、谷を登っていき、一軒の家の前に着くと、いつものように外から大声で、

「すいません。東京の人間で山歩きをしている者ですが、何か食べる物を分けていただけないでしょうか？」

うす暗い玄関の奥から腰の少し曲がった老女が出てきて、

「さぁ入り、雨の中こんな山奥までよく登ってきたな。」

何も疑おうとする気配もなく、私を家の中に入れてタタキ（土間）につづいた台所に上がらせて

くれた。竈《かまど》にはまだ朝の残りの火が燃えていた。上から吊るされた鉄びんの湯が音をたてて沸いていた。

「すみません。水をもらいたいんですが。」

「水なら井戸がそこにあるから自分で飲みな。」

指差したところは台所の片隅で、柄杓《ひしゃく》が置いてあった。その場所に行くと、太い木枠で炉端のようにつくられた半畳ほどの井戸があり、水面は板間より三〇センチほど下がっていた。その中に金魚が何匹も泳いでいた。

「金魚がいますよ！」

「金魚が元気で泳いでいるから安心して飲めるんだよ。」

老女は竈に割り木をくべながら教えてくれた。

老女がつくってくれた味噌汁とご飯と漬物だけの朝食を食べたあと、昨夜の疲れが出てきて、私は籠のそばでそのまま横になって寝込んでしまった。

目が覚めると、もう夕方になっていた。身体に野良着の半てんが掛けてあった。老女が掛けてくれたのだろう。

奥の茶の間には、山仕事から戻った中年の夫婦と娘さんの姿が見えた。

私は台所から礼を言い、老女に一封のお金を差し出して、改めて一泊の宿を頼んだ。

深山で聞いた老女の語り ～あんたは普通の人じゃないね

老女は大きい鉄鍋で煮物をしながら、東京の様子をいろいろと訊ねてきた。逆に、私は濡れた衣服を竈の火で乾かしながら、山里の生活の話を聞いていた。

落ち着いて家の中を見まわすと、天井の梁《はり》は太い原木で組まれ、どっしりと屋根を支えていた。梁や板壁や座っている床板の黒光りは、この家の古さを感じさせていた。

私は老女に昨夜の雨の中で聞いた〝濡れた草鞋の足音〟のことを話すと、老女は頷いて聞きながら、私の顔をじっと見つめていた。そして、

「ほう、あんたにも聞こえたかい。あんたは普通の人じゃないね。あの足音はな、夏の雨の夜、〝しょんり塚〟の横を通ると聞こえてくるんだ。でも、誰にもじゃないんだよ。私だけなんだよ。ほかの人には聞こえない。だから村の人たちは空耳だと言って信じてくれないが、私には聞こえるんだ。

雨の夜に足音を聞いた次の日の朝は、ほれ、しょんり塚のそばに大きい松の木があっただろ、その横の塚に花をあげに行くんだよ。」

語りつづける老女の顔は、竈で燃えている炎に赤く映えていた。

老女はさらに〝濡れた草鞋の足音〟について語りつづけた。

――昔、長雨の降りつづいた夏の夜、落ち武者の群が山越えで、あの道を通っていた時、盗賊の一団がその落ち武者たちを襲った。

雨の中で無抵抗に殺されていく落ち武者たちの叫ぶ声は、女人と子供の声ばかり。それは男装に変えた子供連れの女人たちだった。殺された死体は雨の中に捨てられたままだった。

朝になり、どこかの聖《ひじり》が通りかかった。散乱する死体を見た聖は涙を流して女人と子供たちの死体を並べてから、読経を上げていた。それから松の木の近くに葬ってから、土を盛り上げて墓標とした。すべてをひとりで葬った聖は黙々と深山の中へ消えて行った。

村人たちはその塚を今でも〝しょんり塚〟と呼んでいる。――

そうか、あの音は雨の中を逃げ落ちていく女人と子供たちの草鞋の足音だったのか、浄土にも行けず、彷徨える霊の忍び泣きが聞えていたのだ。

それにしても老女の語る〝しょんり塚〟どこかで聞いた覚えがある。

閂《かんぬき》にえんくさん～深山の夜は、静かに更けていく

山形県庄内平野と聖岳・赤石山脈の深い山の中とは何のつながりもない。それなのに同じ呼び名の塚がある。いずれも古老の語りであるが、接点を挙げるとしたら、庄内平野は出羽三山の行人《ぎょうじん》（山岳修験者）の里、北アルプス、南アルプスの高山は古代から日本山岳信仰の聖山が連なっている。

日本山岳信仰（密教）では、死者の魂を精霊《しょうれい》と呼んでいる。共通する〝しょんり塚〟の呼名は「精霊塚」の訛りではないだろうか。

雨の中で草鞋の音を聞いた、という私に、老女は胸の内にこもる、もろもろの話を私に聞いてほしかったようだ。いつまでも語りつづける老女の語りは、

――私は若い頃、巫女《みこ》だった。それもこの山中でただひとりのな。祭りの時は巫女舞から〝かんなぎ〟（神社の行事）まで私の仕事だった。山の巫女は慶事から葬式まで仕切っていた。今はもう何もしていないけど、な。――

老女は竈の火を落とし始めた。深山の夜は静かに更けていった。

「もっと話をしたいけどな、もう遅いから寝ましょう。さぁ、閂《かんぬき》をかけていこう」、どっこい

しょ！　両ひざを両手で押さえて立ち上がった。

タタキの土間に下りてから大戸《おおど》の横に置いてあった細い棒を手にとると、くぐり戸の閂のすきまに、ぐっと差し込んだ。

私は「ご迷惑にならないように寝袋で寝ますから」と言ったが、老女は、「いくら夏と言っても山の朝は冷えるから」と、台所の板間に床を敷いてくれた。

翌朝、老女が、

「おにぎりつくってあげたよ。二日分はあるよ。」そう言って、握り飯の包みをくれた。

老女に厚く礼を述べたあと、大戸の所にいき、身支度をしながら、閂に差し込まれた棒を見ると、それはすり減ってはいたが円空の〝木っ端《こっぱ》像（細い木切れでつくった像）〟だった。

「これえんくさんじゃないですか？」

「そうだよ、えんくさん何本か有ったけど、もうそれ一本になってしまった。」別に珍しいことでもないと言った口ぶりだった。


ザックを背負って外に出ると、霧の晴れ間から聖岳の稜線が綺麗に見えていた。

Ⅱ　人間円空の物語

プロローグ　乞食母子《おやこ》　氷雨《ひさめ》に濡れて何処へ行く

江戸時代のはじめ、美濃（今の岐阜県）の山中に貧しい木地師《きじし》がいた。木地師に若い娘がいたが、貧しさのため町の寺に下女《げじょ》に出された。娘は真面目に働いていたが、住職の息子に孕《はら》まされた。当時、男には何の咎《とが》めもなかったが、まっぱり子（現地の方言で私生児）を生んだ女は罪人扱いにされていた。寺の面子だけを考える住職は、下女を捨てるように実家に追いやった。

実家に戻った娘は男の子を生んだ。男の子は狭い家の中で鉈《なた》や鑿《のみ》に囲まれ、かんな屑の中で育っていった。

貧しい木地師の実家に二人を養う余裕はなかった。母となった娘は乳呑児を背負って、毎日山里から遠い村里まで物乞いをして飢えをしのいでいた。その姿を見た村里の人々は「乞食親子」と蔑《さげす》んでいた。

娘は子供が歩けるようになると、手をつないで一緒に歩いていた。晴れた日は暑い日差しを避けて、雨の日は濡れないように、子供に破れ笠を被《かぶ》せて物乞いに出ていた。

晩秋、破れ笠を被って手をつなぎ、氷雨降る峠道を越えていく母子の姿があった。

美濃の国を流れる長良川は、大雨が続くとよく洪水になり、被害をもたらしていた。

或る年の夏、洪水の時、手をつないで川岸を歩いていた母は足をすべらせて長良川に落ちた。男の子は必死になって母の手を握っていたが、二人の手は引き千切られるように離されて、母は濁流に呑み込まれていった。

いつまでも母を呼ぶ子供の声は、沛然《はいぜん》と降る雨に消されていった。

ひとり残された男の子はしばらく実家の木地師の家にいた。やがて冬になると山里は雪に埋もれていった。長い冬が過ぎて、雪融けの春がやってくると、母のいない男の子は実家にいることもできず、実家を出ていった。どこに行ったのであろうか。

当時、極貧のため家のない人間は山に入っていき、山に伏し（野宿）て生きていた。これを〝山伏〟と呼んでいた。

男の子は山伏となって深山に消えていった。この孤児《みなしご》が後の円空であった。

第二章　窟籠《いわやごも》り円空

一　円空 炎天に祈る

美濃の深山、炎天の山道は通る人もなく、落石の音がカラカラと聞こえていた。落石の音が消えるとまた深山の静寂に戻った。蟬も鳴かず、鳥も飛んでいない。山道を山イタチが横切ると、小石の陰からカマキリが出てきて、山道の真ん中で翅《はね》を大きく広げて立ちはだかり身構えた。

炎天の道ふさぐカマキリ　身構える哀しさ　萌雪（＊「萌雪」は著者の雅号）

森の中に柔らかい腐葉土がわずかにくぼむ獣道《けものみち》がつづいていた。風も動かない森の中、梢から差し込む木漏れ日も刺すように乾いていた。遠くから長良川の瀬音が単調に聞こえていた。

炎天に地割れする田畑

深山の獣道を足早に急ぐ影があった。破れた法衣の袖口をまくり上げ、筋肉の盛り上がった腕をだし、鋭い眼光で奥を見つめて走り去っていった。小刻みに走る足取りは修験走り《しゅげんばし》と言われる聖《ひじり》の走り方であった。

山人でも行くことが困難な深山の懸崖にぽっかり空いた窟《いわや》（洞窟）にひとりの聖が籠《こも》っていた。いつの頃から窟にすみついたか知る者はいない。その聖は円空であった。

いつも窟の中で、木切れを鉈《なた》で彫りこんでいた。眼と鼻と口と分かる程度で、体の部分は木肌をそのまま残していた。いわゆる修験《しゅげん》彫《ぼ》りである（本書では円空作の彫像を「円空像」と呼ぶ）。

ときどき円空は彫り上がった木像を笈《おい》に入れて、里に現れ、病人がいる家では薬草を煎じて飲ませ、出産の近い女性には笈の中から観音像を取り出して、安産のお守りにと手渡した。

加持祈禱のあと里人から米や味噌、野菜をもらって深山に帰っていった。密教修験者は決して門《かど》付《づ》けを乞うことはしなかった。

うす汚れた破れ法衣の円空を、里人たちは「えんくさん」と呼んでいた。

或る年の夏、美濃の国は異常な炎天の日照り続き、山里や村里の棚田も干からびて、地割れが始まっていた。ちょうど稲穂が花を咲かせるというのに立ち枯れる稲田もあった。山に生きる貧しい里人にとって、棚田から獲れるわずかな米は命の糧であった。

山里や村里の人たちは照り付ける炎天を見上げて、

「えんくさん、雨降らせてくれ」と嘆いていた。

山里や村里の人たちが最後にすがるのは円空であった。

千体像、湖底に祀る

炎天と水飢饉に苦しむ山里人と村里人は代表を選んで、円空に「雨乞いの祈り」を頼むことにした。翌朝早く、集まった山里と村里の代表（以下、里人）は、朝早くから五穀の入った小袋を叺《かます》に詰め替えて、円空のいる深山の窟に向かっていった。

険しい深山の山道を登り、やっと辿《たど》り着いた窟の周辺は雑草や蔓草《つるくさ》が生い茂って鬱蒼としていた。

里人は窟の下に荷物を下ろすと大声で叫んだ。

「えんくさーん、まめかー（元気ですか）」

しばらくすると、窟の中から髭だらけの円空の顔が現れ、里人たちを鋭い目でギョロっと見てから、崖を伝って降りてきた。

「ここは暑いから木陰に行こう。」

枝の繁る木陰の下に行き、草むらの中の岩に腰を下ろした。

里人は持ってきた叺を前に置いて、円空を囲むように車座に座った。深山も炎天は容赦なく照りつけていた。里人たちは炎天と水飢饉で田畑が地割れていく状況を細かく話し出した。周囲には円空の破れ法衣から噴き出す体臭と里人たちの汗臭い臭いが、草いきれと混ざってただよっていた。

じっと里人たちの話を聞いていた円空は、

「今年の旱魃はなみでねぇ。まず、龍神《りゅうじん》さんに千体像《せんたいぞう》を祀ってから、雨乞いの祈祷に入ろう。請《こう》雨《う》（降雨）の祭壇はいつもの岩でやろう。」

千体像とは、密教請雨の儀軌で、木箱の中央に鉈彫りの阿弥陀如来像を置いて、周囲に千体の木っ端像を入れてから蓋を閉めて、龍神の棲むと言われる龍神池の湖底に沈める行事である（千体とは無量数で百体でも二百体でもいい）。

里人たちの顔に安堵《あんど》の表情が浮かんでいた。

しばらく考え込んでいた円空は、

「今から千体像を彫ろう、明日、箱をもって来い。」

それだけで里人には通じていた。

そう言ってから立ち上がった円空は、里人が持ってきた叺の中から握り飯の包みを背負って窟に戻っていった。里人たちはその後姿に手を合わせて拝むように合掌していた。

円空、請雨の祈り ～ 岩石に立つ善女龍王

里人たちが担いできた千体像の木箱を龍神池の北端に祀り、円空は長い間読経《どきょう》を唱えたあと、数珠で宙を切ると、里人たちは木箱を龍神池の中央に投げ入れた。木箱はしばらく浮いていたが、底に空けてある孔から水が入って沈んでいった。

青色に映る湖底に潜む龍神に語るように、円空の唱える呪文はつづいていた。

円空は山頂につくられた請雨の祭壇に向かって、炎天の照り付ける山道を登っていった。祭壇は険しい懸崖の岩の上につくられていた。岩の上には円空が彫った善女龍王《ぜんにょりゅうおう》像が祀られていた。その前に筵《むしろ》を重ねた台座に座った円空は真夏の炎天に身を晒して験力をかけた呪文を唱え出した。聖の祈る〝請雨の祈禱〟は雨が降るまで断食であり、常人のできる業ではない。

低く太く呪文を唱える円空のうしろには里人たちが並んで座り、大声で請雨の読経を読み上げていた。祈っても、唱えつづけても、炎天はつづき、数日後には里人たちの声は涸れて、ぜーぜーと喉を裂く音に変わり、血も混ざっていた。

円空の地鳴りのように響く読経と里人たちの祈りの声を受けながら、岩上《がんじょう》に祀られた善女龍王の

木肌はジリジリと照り付ける炎天に灼《や》けていき、背割れ、ひび割れ、顔まで割れて、痛々しい姿で雨を呼び求めていた。

円空が祈り始めてから十数日が過ぎた頃、遠くから遠雷の音が聞こえてきた。東の空に黒雲が現れ、風が吹き出してきた。うねるように広がる黒雲の切れ間から龍神の天駆ける姿が見えた。やがて祭壇の周囲に大粒の雨が落ちてきた。

「えんくさん　雨だ！　雨だ！」

里人たちは立ち上がって抱き合った。汗も声も涸《か》れはてた顔で天を仰ぎ、降り落ちてくる雨に濡れた顔には涙も混ざっていた。

轟然《ごうぜん》と鳴り響く雷雨に打たれながらも円空は身じろぎもしないで経文を唱え続けていた。

遠雷はやがて真上に、稲妻の光は、暗い雨雲を裂《さ》いて鳴り響いていた。雨の中に稲妻の光に浮かぶ円空の姿は里人たちには黄金色に光る神に映った。

祈り千刻 大粒の雨に濡れ　岩上に立つ善女龍王　　萌雪

二　峠道

窟聖《いわやひじり》　円空

降る雨に歓喜する里人たちと別れた円空は、請雨の祈りで痩せ細った身体で深山に戻っていった。芒《すすき》が原《はら》と呼ばれる草原の中を行く円空の後ろ姿は名もなき一介の聖であった。

深山の窟に戻ると、断崖をよじ登って狭い窟の中に入っていった。木屑の散乱した窟の奥には彫り上がった彫像たちが待っていた。ここが円空にとって我が家であった。

窟の棚《たな》（窟からせりだした平らな岩）に座り、まだ残る雨に喜ぶ里人たちの姿を振り返り、深山の景色を眺めていた。

窟の中には藁莚《わらむしろ》が一枚敷いてあり、周囲は木屑が散乱していた。その藁莚が作仏《さぶつ》の行場であり、夜は寝床であった。ゆっくり身体を休める間もなく、円空は手に鉈を握りしめていた。

窟の壁際には、山から運んできた割り木が積み上げられていた。その中から一本の割り木を選び、中央に立ててから、割り木に向かって経文を唱え始めた。それは割り木に残る木霊を抜く読経であった。

読経が終わると、鉈《なた》で一気に打ち始めていった。コツ、コツ、コツ、鉈の打ち込む音は時を刻むように窟の中に響いていた。またいつもの円空に戻っていった。黙々と彫りつづける姿に、いつの頃からか、里人たちは「えんくさん」、〝窟聖《いわやひじり》円空〟と呼ぶようになっていた。

夜が更けると深山の深い闇に包まれていく。静まり返った森の奥から獣の遠吠えが聞こえてきた。やがて遠く近くの森の中から呼応する遠吠えが谷間にこだまし、長い余韻を引きずっていく。生きている森の鼓動である。窟の棚に出ると、渓から吹き上げてくる涼風が心地よく感じられた。見上げると深山の空は透明に澄み渡り、天の川が手にとどくほどの近くに煌めいていた。

漆黒の峰ひきずりて天の川　濡れ法衣脱ぐ裸身円空　　萌雪

峠道～嫁入りの花車も越えていく

晩秋の山里は刈り入れと冬ごもりの支度が一緒にやってくる。大きい荷物を背負って峠道を行き交う里人の姿が目立つのもこの季節である。

峠道の途中に露出した大きな岩があり、いつも岩清水が滴《したた》り落ちている。その岩清水の下に白い茶碗が置いてある。里人たちはこの茶碗で冷たい岩清水を飲んで疲れた足を休めていた。

岩清水の滴り落ちる横に小さな円空像が立てかけてある。里人たちは、身内のような親しみを込めて「えんくさん」と呼んでいた。天気のいい日は〝えんくさん〟に天道虫《てんとうむし》が並んでとまっている。

「あんや、えんくさん、おしゃれして天道虫の首飾りかや。」

〝えんくさん〟はどこに置かれても里人の話し相手にされていた。


峠道に花嫁を乗せた花車（大八車）が上ってきた。つづいて紅白の帯で飾られた荷背負い車《にしょいぐるま》が上がってくると、里人たちは道をゆずってお祝いの言葉をかけあっていた。

春に婚約がまとまった嫁入り、婿取りの結婚式は、農繁期の労働力を増やすために、村祭りの前に挙げられるか、冬支度が終わって冬ごもりに入る前に挙げられる。どちらにしても村祭りの前後は婚礼の季節であった。


赤とんぼ空に舞う峠道、遠く近くから村祭りの太鼓の音が風に乗って聞こえてくる。笛や鉦《かね》、囃子《はやし》の音も谷間にこだましていた。山里にはこんな楽しい日もある。

つむじ風　枯れ葉まき上げ峠道　紅き一葉渓に舞う　　萌雪

足早に急ぐ里人たちの背に西陽が照りつける背焙《せあぶ》り峠、岩清水の近くに置かれた丸太に円空が腰かけていた。円空は村祭りに招かれた帰り道だった。

祭りの祝いに村人たちから貰った笹の葉に包まれた料理と赤飯の握り飯を食べていた。茶碗にくんだ岩清水の中に黒いゴミが浮いていたが、気にもしないで、ぐっ！と飲み干した。

西陽が山の稜線《りょうせん》に沈み、やがて暮色《ぼしょく》に包まれていく村里を、円空はいつまでも眺めていた。

秋祭り　祠《ほこら》に貢《みつ》ぐ山の幸　笛の音遠く八面荒神《はちめんこうじん》　　萌雪

野分け

祭りが終わると一斉に稲刈りが始まる。その頃は野分け《のわ》（季語では野分《のわき》。台風）の季節である。秋雨がつづき、山里に強風が吹き出して来た。山はざわめき、森は揺れ動き、千切れ雲が真横に吹き流されていく。深山に荒れ狂う野分が近づいてきた。

野分けとは台風が草原をかき分けていく様からつけられた関東地方の方言であるが、山筋《やますじ》が運んできたのか山里でも使われていた。

強風で残り葉を引きちぎられた梢が風に泣きじゃくり、小鳥の怯える悲痛な鳴き声が空を裂《さ》いていく。谷間を飛んでいたカラスが突風に押されて渓《たに》に落ちていく。

野分けの強風と豪雨が深山におそってくると、老木は倒されて、渓は洪水となり山崩れで谷が埋まることもある。

夜になり野分けの強風は深山に吹き荒れ、激しい豪雨は川となって流れ、山鳥の不気味な鳴き声が空にひびき渡る。山里の家々では怖がる子供たちを抱きかかえ、家族が寄り添って、じっと嵐の夜に耐えている。

「えんくさんにお願いして、早く野分けを鎮めてもらって！」

風の音に怯える子供たちが、母親の顔を見上げて頼んでいた。

円空の窟の中にも野分けの風が吹き込んで、木屑を巻き上げていた。ときおり雨が吹き込んできた。窟の奥には杉の原木を二つに割って作られた棚床があり、彫り上がった円空像が置かれていた。すでに開眼された阿弥陀如来、十一面観音、聖《しょう》観音など神格をそなえた祈りの神々である。

窟の中に灯された太いろうそくの火が風に揺れると、暗い窟の中に並ぶ神々の表情も揺れ動き、円空の影も、岸壁に黒く踊っていた。里人の無事と野分けの鎮まりを祈る、円空の読経する声は高く低く、いつまでも窟の中に響いていた。

円空、冬支度～円空、疲れた影残し獣道《けものみち》に消える

野分けの去った深山は倒れた木や土砂が崩れて埋まった山道など、かなり荒れていた。台風一過、

晴れ渡った深山に野分けで落ちた木の実を集めて窟に運ぶ円空の姿があった。円空はこの冬、木食《もくじき》戒《かい》に入るのでかなりの木の実が必要であった。

木食戒《もくじきかい》とは日本独自の山岳修験者の行で、火食《かしょく》（五穀を煮たり、焼いたりして食べること）を断ち、草や木の実だけを食べて、最後は断食となる厳しい修行である。修行の内容はすべて口伝なので具体的な内容は分からない。期間は霜枯れの頃より始まり、積雪の冬もつづけられる。

円空は木食戒に入る前に山里・村里をまわり、今年最後の加持祈祷《かじきとう》を行っていた。里をまわると、どの家の軒端にも藁縄《わらなわ》で組まれた大根、ずいきなどが吊るされていた。陽当りのいい壁には吊し柿が影と寄り添うようにぶら下がっていた。

山里の家々では〝えんくさん〟の来るのを待っていた。とくに老人のいる家では、

「えんくさん、もう来るだろうか、早く来てくれ、爺さん辛いとよ。」

山岳修験者は薬草など、医学の知識も持っていた。円空の里まわりには、病人の投薬もあった。また里人はいろいろな困りごとまで教えを乞うていた。帰る時には、

「えんくさん、おら家の新米あがってけれ。」

頭を下げながら、わずかな米を手渡す里人もいた。

円空が加持祈禱を終えて深山に帰る時、

「えんくさん、また来てけれ。」

と円空のあとを追って出てくる若嫁もいた。えんくさんから頂いた安産観音は女の神様なので、出産の後は竈《かまど》の上にある吊り格子の上に祀られていた。

村里から山里へ刈田の道をひとり行く円空の姿は、秋の終わりを告げる季節の点描であった。

満月を背に受けて木っ端像　枯れ尾花　山里が冷えていく　萌雪

月に哭《な》く ～ 満月に浮かぶ母の微笑み

深山は一雨ごとに紅葉が下りてくる。窟には下の茂みから蟋蟀《こおろぎ》の鳴き声が聞こえてくるようになった。満月の頃になるといつも円空は窟の棚に出て、青白い月光を浴びながら無心に彫りつづけていた。円空の横には窟の奥から持ち出した円空像が何体か置いてあった。

彫像の細い目の影は、月の動きで浅くなり、深くなり表情を変えていた。

円空はときどき彫像に何かを話かけていた。ひとりでは淋しいのか独り言を言って夜を過ごしていたのだ。

円空の彫り方は、顔だけは密教の神格の特徴だけで、ほとんどは天衣《てんい》（身体）の部分は木目、節目をそのまま生かしておいてあった。礼拝像のように写実的ではなかった。

　彫像の最後の仕上げは開眼《かいげん》である。彫像をしっかり握って、目の位置に鑿《のみ》であたりを付けると、息を止め、一閃《いっせん》！　鋭利な鑿が面上を走ると、刻線《こくせん》は目となる。右、左、入魂の開眼である。それは円空が神に近づいた一瞬である。

　緊張が解けた円空は、ふっと両肩を落として夜空を見上げて、満天に広がる星群を見つめていた。手に握っている開眼を終えたばかりの観音像は月光に映えて優しく微笑みを浮かべていた。それは円空が一生彫りつづけた微笑み、〝母の微笑《ほほえ》み〟であった。


　円空がふたたび空を見上げると、満月は中天にかかっていた。じっと見つめていると、満月を背景に母の面影が見えてきた。母の面影によぎるのは、幼い日の優しい母であった。

　母と歩いた山里、村里、夏の暑い日は、照りつける日差しに、「暑いだろう」と被《かぶ》せてくれた笠。雨の日は濡《ぬ》れないように、と顎紐《あごひも》を結んで被せてくれた笠。

　母と手をつないで歩いている時、「乞食親子」と叫ばれた声も忘れることはない。そう罵《ののし》られても母はいつも優しかった。

　秋の山道を歩いていた時、冷たい風が吹きつけると、円空をじっと胸に抱えてくれた母の温もりは暖かかった。

晩秋、氷雨降る峠道を母と二人で手をつないで、越えていった日のこと、被っていても雨が落ちてくる破れ笠も忘れることはなかった。

過去は振り向かない、己のことで涙は流さない、と世俗の感情を断ち切ったはずなのに、ひとり月に慟哭《どうこく》する夜もあった。

第三章　尼僧アイヌーラ

一　ひた走る黒い影

満月が山の稜線《りょうせん》に上がる頃、深山の獣道《けものみち》をひた走る黒い影があった。右に折れ、左に曲がりながら山を下っていった。獣さえ通れない急斜面の崖に出ると、鹿皮の敷当《しきあて》を尻にひいて滑り落ちていった。

下の道に倒れるように落ちると、すぐに立ち上がって、月明かりに浮かぶ夜の山道を走り続けていった。

満月に青白く照らされた芒《すすき》が原に黒い影が入ると、白い穂波が揺れながら裂けていく。通り過ぎた後に秋虫の鳴き声がいちだんと高く鳴いていた。

山麓に流れる渓流のほとり、深い木立の中に、小さな尼庵《にあん》があった。庵主《あんず》は数年前に亡くなり、いまは娘の若い尼僧《にそう》がひとりひっそりと住んでいた。

里人は「尼僧アイ」と呼んでいたが、それ以上に尼僧について知る者は誰もいなかった。町から遠く離れた山里では、土葬の仏事から慶事までこの尼僧アイに頼んでいた。

夜の尼庵に訪れる人はなく、門はいつも閉ざされていた。でもある夜だけは、人に知られることなく裏門の鍵はかけられずに開いていた。それは満月の夜であった。

深山の山道をひた走ってきた黒い影が裏門に近づき、そっと開けると、静かに内から錠をかけて、目立たぬように勝手口から入っていった。

黒い影は背中に背負っていた大きな風呂敷包みを投げるように板の間に下ろすと、何ともいえない悪臭が広がっていった。

夜更けの尼庵

明かりの漏《も》れる障子の内側から若い尼僧の声が聞えてきた。

「ちょうど、お風呂が立っていますからお入りください。」

冷えていく夜の庵室（仏間）には早くから火鉢に炭火がいこって部屋を暖めていた。

行燈《あんどん》はいつもより明るく感じられた。そのそばに尼僧が座っていた。庵室には二人の夜膳《やぜん》が用意されていた。

人里離れた尼庵で尼僧アイは、いつもひとりで作り、ひとりで食べる食事はわびしかった。でも満月の夜に作る夜膳は尼僧アイにとって生きている歓びの膳であった。

風呂の蓋を閉める音がして、まもなく障子を開けて入ってきたのは、湯上りして、さっぱりした円空だった。

夜膳に尼僧アイの手作りの山菜料理が並べられていたが、膳の前に座った円空は、箸もつけず、うす汚れた腰袋から何かの干物をとりだして、ガリガリと音をたててかみ砕いていた。乾蝮《かんまむし》（干した蝮）である。尼僧アイが濁り酒を木椀《もくわん》に注ぐと、円空は一気に飲み干した。それからゆっくりと夜膳の料理に箸をつけた。

庵室の中に澄んだ香りがただよってきた。

「あっ、咲き始めた。」

尼僧アイは明るい声でそう言ったあと、隣室の障子を開けると、月下美人の花が二輪、咲き始めていた。長い蕾《つぼみ》の日数のあと、真夜中に咲き、夜明けに萎《しぼ》んでいく月下美人の花は、一夜だけの、はかなく神秘的な花である。

尼庵は仏間を兼ねた庵室と書斎を兼ねた寝室の二間だけで、仏間には仏具を入れる棚床の上に位牌と本尊の地蔵菩薩が祀られていた。尼寺の本尊は阿弥陀如来であるが、なぜか地蔵菩薩が祀られていた。

剃髪《ていはつ》で若い面相の地蔵菩薩は釈迦が入滅したあとの時代に、地獄・餓鬼・畜生・修羅・人間・天の六道輪廻《ろくどうりんね》に苦しむ人々を救うために現れた菩薩であるが、庶民には道端や小堂に置かれている石のお地蔵さんで親しまれている。お地蔵さんは、安産、子育て、治病など、子供に深くかかわっている。

庵主が聞かせてくれた話

髭《ひげ》を剃《そ》り落とした円空の顔は若かった。顔色もほんのりと赤く、来た時の厳しさはなく、こうして畳の上にいる時だけが、温もりを感じる人間に戻っていた。寝室の圓窓《えんそう》には満月の明かりが青白く写っていた。いつもひとりで眺める圓窓は無情《むじょう》で寂しいが、今宵は有情《うじょう》の夜である。

夜着《よぎ》かぶる尼僧の枕　悲しき運命《さだめ》　嬉しきさだめ　　萌雪

仏間に戻った尼僧アイは襟を正してから、じっと地蔵を見詰めていたが、大きく息をして、何かを心に決めていた。いままで誰にも話していない自分の生い立ちを円空にだけには聞いて欲しかったのだ。尼僧アイは静かに語り始めた。

「私はこの尼庵に生まれて育った、と思っていましたが、ある日、病床に臥《ふ》していた母の庵主《あんず》から恐ろしいことを聞かされました。」

……今から一二年前の夜だった。まだはっきり覚えている。外は木枯らしが吹き、カタカタと戸を揺する音が絶えず聞こえていた初冬の夜だった。

「旅の者ですが。」

と赤子を抱いた若い女性がこの尼庵を訪ねてきて、

「この児をお願いします。私は明日の朝早く、この地を発たねばならないのです。」

よほど動揺していたのか、震える声で言いながら、生まれて間もない乳呑児を私の前に置いた。

事情を訊ねたが、その娘さんは、

「旅歩きの者です。」

と泣きじゃくるだけだった。我が児を尼庵に置き去りにして別れていくのが苦しかったのだろう。まだ生まれたばかりで、目も見えない赤子の寝顔に頬ずりながら、

「せめて朝までは。」

と夜が白々と明けるまで、お前を抱きしめていた。

夜が明けると、女は、

「よろしくお願いいたします。」

そのあとは、無理に振り向かないで、大声で泣きながら山道に消えていった。……

《イクシュンベツ、アイヌーラ》～旅の女が残していった小袋

旅の女はそう言いながら、自分の懐から刺繍の入った分厚い小袋を出して、中から小さな宝石と一片の紙切れを庵主の前に差し出した。

その紙片には《イクシュンベツ、アイヌーラ》とだけ書かれていた。宝石は緑色がまだらに混じって、綺麗に磨かれた宝石だった。女は庵主に見せた後、紙片と宝石をまた小袋に仕舞い、赤子の産着《うぶぎ》の中に入れた。

最後に寝ている赤子の唇に乳房を当てながら、

「いつか、きっと迎えにくるからね。」

寝顔に語り掛けるように言い残して、涙にぬれた顔で声をあげて泣きながら尼庵を去っていった。

「庵主からこの話を聞かされた時、身体の中の温かい血が急に冷えていったことを、まだ覚えています。庵主を母と信じていたのに、捨て児なんて、私は嘆き悲しみました。

その数日後に庵主は亡くなりました。ひとりっきりになった私は、それから長い間、恐ろしい運命に悲しみ震える毎日でした。私の悲しい魂の運命はいまもつづいています。」

黙って聞いていた円空は、幼い日に長良川の濁流に呑み込まれていった母の姿と、子供の時に〝まっぱり子〟と石を投げられた日々、腐った飯をもらった時の口惜しさなど、自分の生い立ちがよみがえり、苦い思いと熱い思いが入り混じって込み上げてきた。

それでも、唇をぐっ、とかみしめていた。

なお切々と身の上を話しつづける尼僧アイの、「きっと、迎えに来るからね」と言い残して去っていったまぼろしの母を慕う姿が痛ましかった。何か話しかけてほしいと願う、尼僧アイの気持ちは痛々しいほど分かっていたが、それでも円空は黙って聞くだけで、何も言わなかった。

そうか　それが人の世さ　南無八幡　　萌雪

孤児《みなしご》の三弦

尼僧アイが語り終わったあと、ふたりの間には長い沈黙がつづいた。尼庵の近くを流れる渓流のさざ波の音だけが聞えていた。

「イクシュンベツって知っていますか?」尼僧アイが話しかけてきた。

「庵主が付けてくれた私の名前、アイヌーラは母の名前だと言っていました。普段はアイと呼んでいますが、私の正しい名前はアイヌーラです。」

円空はさっきから尼僧アイの話を聞きながら、記憶の中でイクシュンベツを探していた。遠い国々を歩く山筋《やますじ》から多くの地名や人名を聞いていたが、この言葉は聞いたことがなかった。

円空が潤んだ瞳で身動きもしないで座っているのを見て、尼僧アイは話さなかったほうがよかったのかな、と自責していたが、わざと明るく話題を変えた。

人は苦しみを忘れるために、芸に打ち込む時がある。また運命に立ち向かう時、芸に集中する時もある。尼僧アイは寝室に飾ってあった三弦を持ってきて、調律を始めた。

尼僧アイは三弦の撥《ばち》を持ち直すと、夜の静寂《しじま》を押し開くように三弦を弾《ひ》き始めた。弦を押さえて引きずる音、白い指先が乱れ散り、強く弾く撥さばきに棹《さお》は軋《きし》み泣き、荒れる北の海の情景が広がっていった。

尼僧アイが奏でる曲の調べはどれも初めて聴く曲であった。震え泣くような旋律に、円空は言い知れぬ哀愁に誘われていった。

三弦を弾く尼僧アイの目は実存を超えて空を刺し、なお弾きつづける曲が迫りくる時、弦が切れて激しくはじけた。が、撥の手をとめず二弦で弾きつづけていった。

円空が初めて見る尼僧アイの厳しい顔、初めて聴く三弦は、いつまでも円空の魂を揺する旋律であった。

夜更けに尼庵から流れる三弦の音は深山の夜空にひびいていた。

縁側に置かれていた月下美人は、みな咲き開き、香りは庵室にただよっていた。山の夜が明けてきたのだ。

円空、朝帰り

まだ童顔の残る尼僧アイは、いつもの明るい顔に戻り、庫裏《くり》から一升徳利を二本持ってきて、

「今年の濁り酒はよくできたよ。」

嬉しそうな笑顔で円空の前に置くと、円空も徳利を見て嬉しそうに笑った。円空も笑いを知っている人間であった。

二人は庵主の位牌の前に座って読経をあげていた。

朝の読経が終わると、二人は向かい合って朝食を食べながら楽しく話し合っていた。円空は昨夜と違って、いろいろなことを話しかけてきた。

「木食戒《もくじきかい》までに、また来るよ。でもその前に根雪《ねゆき》になったら春になるけどな。」

円空の顔も、なにかが吹っ切れた明るい表情に変わっていた。

「イクシュンベツ、いまは分からないが、山筋に聞いてみよう。どこの土地かぐらいは分かるだろう。」

仏間には尼僧アイの手縫いの肌着や、綺麗に洗った法衣が入った包みが置いてあった。尼僧アイがつくってくれた握り飯や漬物などの包みも置いてあった。円空は一緒に背負うと、新しい草鞋《わらじ》の緒を締めなおしてから、尼僧アイに合掌した。

「これから寒くなるから気をつけてな。」

優しく言葉をかけてから、尼庵の裏木戸から出ていった。背中には濁り酒の徳利がぶら下がっていた。

外に出ると、紅葉・黄葉の濃くなった木々の梢は風を切って泣いていた。朝の冷たい風に法衣をはためかせながら円空は修験走りの足取りで遠ざかっていった。

円空の後姿が森の中に消えていっても、尼僧アイは裏木戸の前から離れず、いつまでも森の中を見つめていた。

二　窟《いわや》凍る

三弦の調べに憑《つ》かれた円空

尼庵から戻った円空は窟の中で、じっと何かに耽《ふけ》っていた。窟の中はすでに暗闇に変わっていたが、動こうともしなかった。あの旋律はいずこの里の唄なのか、尼僧アイの三弦の調べが耳から離れず、思いは過去へ過去へと逆行していった。

草笛なら吹くが、楽器とは無縁の円空に三弦の調べは、あまりにも印象が強すぎたのである。旋律は心の奥に滲みついていた。

尼僧アイが弾く指先まで、まざまざと見えてくる。撥《ばち》で打ち鳴らしながら、かすかに震えていた唇は誰かに語りかけているようであった。

三弦は庵主の形見と言っていたが、庵主は三弦をどこで誰に習ったのだろうか。尼僧アイは庵主に教えてもらった、と言っていたが、曲の題名も意味するものも知らなかった。

楽譜もなく、聴き覚えで弾いていたが、あの旋律を聴いただけで秘められた意味を知る者がどこかにいるのかもしれない。

世間の裏に生きてきた円空の三弦の調べをたどる憶測はどこまでも広がり、北海の波濤を思わせる旋律は、遠い異国のひびきに変わっていった。

月下美人の香りがただよう庵室で静かに語りつづけていたが、最後は咽《むせ》び泣いていた尼僧アイの身の上は、しいて忘れていた己の過去と綾なして離れなかった。

「語らず、残さず」の修験者の掟《おきて》は裏返すと「何も聞いてくれるな」であった。それだけにいままで何も聞かなかったが、自ら話した尼僧アイの身の上を聞いてから、尼僧アイにつながる未知なる〝イクシュンベツ〟に駆られていった。

円空は村里の人たちが持ってきてくれた藁布団《わらぶとん》にすっぽりと身を沈め、綿入れの夜着を頭から被ってうずくまり、冷えていく夜の寒さに耐えていた。

深山の森　あやしく照らし　月凍る　　萌雪

深山の風は冷たい木枯らしに変わっていた。残月の淡い光に浮かぶ懸崖《けんがい》の窟の中で円空の思索はつづく。〝イクシュンベツ〟いずこの国の地名だろう。〝アイヌーラ〟いままで聞いたことのない名前である。

尼僧アイから「私は誰」と自らを問う苦しみを聞かされた時、自分が子供の時に父のない孤児《みなしご》と知って「俺は誰だ」と悩みつづけた苦しさを知る円空は、その夜から尼僧アイに隠された運命によせる思いは強まるばかりであった。

女性に母性本能があるように、男性にも父性本能がある。父性本能は深層の価値観であり、苦難に挑む無意識の行動となる。父性本能から込み上げてくる没自我は、青春を懸命に生きた男性に共通する〝家族を守ろう〟とする、幸せの価値観である。心を寄せる女性のために動く心理と〝家族を守ろう〟とする行動も同じ没自我である。女性の本能は内的であるが、父性本能は常に外に向かう。

尼僧アイヌーラは問う、私は誰？

円空が暗い窟の中で思索をつづけている時、尼僧アイも魂の運命と闘っていた。

円空が帰った尼庵の夜はひっそりしていた。遠くから聞こえてくる渓流の瀬音が支配する単調な夜がつづく。

「きっと迎えに来るからね」と言い残して去った母は今どこに？　小さな紙切れに《イクシュンベツ、アイヌーラ》と書かれてあった文字は母が書いた文字。そう思うと涙が出るほど会いたくて、淋しいひとり寝の布団で〝お母さーん〟と、声を出して呼ぶ夜もあった。

いままで自分ひとりに秘めていた〝イクシュンベツ〟は、いま円空と二人の言葉になっていることが心の支えになっていた。

行こう、〝イクシュンベツ〟へ

尼僧アイへの思いは真実となった。暗い窟の中で思索する円空に、尼僧アイの笑顔がよぎった。

「行こう、イクシュンベツへ、それがどこなのか、天竺《てんじく》であろうとオロシャであろうと訪ねていこう。」円空に潜んでいた父性本能がむらむらっと燃え上がってきた。

木食戒《もくじきかい》が終わり春になればまた遊行《ゆぎょう》に出ていく。それまでに木地師の家に行って頼んでおけば〝イクシュンベツ〟がどこの国なのか分かるだろう。そこが新しい遊行の目的地だ。

これが尼僧アイヌーラへの結論であった。


遊行とは修験者の行《ぎょう》で、見知らぬ国々のある範囲を加持祈禱しながら回る中で、その地方で一番高い山に禅頂《ぜんちょう》（頂上に登ること）して、元の起点に戻る循環行動である。山岳修験では「回国、加持祈祷、一山禅頂、帰山」と呼んでいる。期間は早くても数か月、範囲によっては数年もかかる。だが遊行に出たまま帰らぬ修験者もいる。

円空の思索は尼僧アイヌーラだけに没頭していたのではない、沙門《しゃもん》円空としての自分の生き方でもあった。いままで彫り続けてきた彫像は、新田開発の村々に建てられた寺社にご神体として祀られてきた。それらは辺鄙《へんぴ》な山里、村里の人たちに拝まれているが、大衆が祈りを捧げる祈禱像《きとうぞう》は稚拙な小像である。俺が彫り上げようと求めている祈禱像は、胎蔵界曼荼羅《たいぞうかいまんだら》の神々である。

円空に流れている木地師の血は彫刻家の守破離《しゅはり》の道であった。修験者が彫る彫像は彫る行為そのものが行《ぎょう》であり、完成された神仏ではない。俺が彫ろうとしているのは大衆の祈りを受ける祈禱像である。


子供の時から聞いていた山筋の話の中に蝦夷地《えぞち》の話があった。いつか蝦夷地に渡ろう、と考えていたが、いつ行けるのかは漠然としていた。

円空の思索はいくつかに交錯しながらもつづいていたが、やがて修験者の戒律、木食戒に入っていった。

雪こぼれ落ち、山ひび割れていく

冬になると吹雪の夜に現れて、道に迷った者に息を吹きかけて凍死させる雪女。吹雪の夜に戸を叩く音がするので、くぐり戸を開けると吹雪と一緒に赤子を抱いた雪女が赤子を置いて消えていくなど、雪国にはさまざまな雪女の伝説がある。

円空が籠る窟の近くに野分けで倒れた木が切って置いてあった。細かく割った割り木を窟の中まで運びあげるのは重労働である。だが円空は何もかもひとりでやっていた。

冬を前に、円空の木食戒が始まった。雪は降っては溶けて、溶けてはまた降り積もりながら、やがて深山の山里も村里も根雪となった。

根雪になると深山は毎日のように吹雪に荒れる。たまに晴れ間もあるが、晴れた夜の寒気はより厳しく冷えこんでいく。

円空は持ち込んだ割り木から数本を選んで、窟の中央に立て、経文を唱えながら、その周りを歩き始めた。一二回まわって一度とし、それを百度繰り返す。合掌して歩きながら唱える読経は寒さに震えて口ごもる。擦り切れた白足袋から赤くかじかんだ足指がのぞいていた。

吹雪が止んでも窟の中にはいつも風花《かざはな》が吹き込んでいた。強風が出てきて、猛吹雪となり、はぐれカラスが吹雪に押されて渓へ落ちていく。やがて深山は白い闇に閉ざされて視界から消えていった。

歩き終わった円空は割り木の前に座り、経文を唱えていた。長い対峙の時が過ぎてゆき、割り木の木肌に聖観音が現れると、円空はそっと微笑んだ。密教修験者の観想法である。

円空は冷たい鉈《なた》を手に取ると、大きく振りかざして彫り始めた。黙々と彫る鉈の音だけが窟の中に響いていた。

雪にこぼれ落ち　山ひび割れていく　円空ひとり岩窟に座す　　萌雪

窟凍る、円空死ぬか

窟の中に時を刻むものは何もない。ただ時が過ぎていく。木屑の崩れる音が窟の中の静寂をより深めていく、七色に光るカナヘビが迷い出てきたが、窟の寒さにおどろいて、すぐ木屑の中に隠れていった。夜が更けるほど大気は冷え込んでいった。床の中にいる円空の身体も小刻みに震えていた。歯がガチガチと音を立ててかみ合っていた。かじかんだ手に鉈を握りしめて、寒さに耐えていた。

う〜ん！　どこからともなく獣の声に似た太い唸り声がひびき、窟の中で共鳴していた。肩に掛けていた夜着をいきなり払いのけて、荒々しく立ち上がった円空は、窟の棚に出ていき仁王立ちになり、大声で意味のない叫び声をあげた。

うおー！　うおーっ！

畸人《きじん》と呼ばれる円空が酷寒の真夜中に見せる姿である。

母恋し、尼僧アイヌーラ愛おしと、募る感情と孤独に耐える叫び声は、人間ではなく獣の咆哮《ほうこう》であった。また森の奥から獣の遠吠えが返ってきた。

月中天に煌々と青白く雪原を照らし、酷寒の白魔が迫りくる。円空の身体にはもう温かい血は無くなり、深山の外気と同じ冷たさになっていた。

窟が凍る、割り木が凍る、やせこけた円空が凍る。

酷寒の風　深山を刺し天凍る　円空死ぬか　　萌雪

三　春萌《も》ゆる

雪の晴れ間に

吹き荒れた吹雪が去って山里に静けさが戻ってきた。

厳冬、窟の中で凍りゆく身体に耐えながら、自らを死と生の限界に挑む木食戒《もくじきかい》は、山岳修験者の行《ぎょう》の根底にある擬死回生《ぎしかいせい》であった。

晩秋からつづいた木食戒も終わり、やりきった達成感にひたる円空は窟の棚に出て、明けていく東の空を眺めていた。寒気も和らぎ吹く風にも春が感じられた。

円空はげっそり痩せた頬をなでてから、腕をまくり、垢で汚れた肌をさすっていた。窟の中に木の実は少しあったが、他に食べるものは何もなかった。


吹雪もおさまり、久し振りに青空が見えてきた。吹雪のあいだずっと案じていた村人たちは、

「円空さん、何してるべか。」

「今日はえんくさんに、うめぇもん持っていぐか。」と声を掛け合っていた。

村の女たちは円空の好きなおはぎをつくっていた。男たちはいつものように五穀と野菜を集めて小さな包みに分けてから、痩馬《やせうま》（荷背負い具）に積んでいた。

円空の籠《こも》る窟は山人にも難所と言われる奥山にあり、深い積雪の中を行くので、村人たちは充分な装備をしたあと山に入って行った。

雪に埋もれた山道は先頭が雪を踏み固めて行き、その後を一列になってついていく。雪踏みは力がいるのですぐに身体がほてり汗ばんでくる。汗は小休止の時に急に冷えて身体に悪いので、先頭は順番に交替していく。

なだらかな斜面に出ると、昨夜降った春雪の表面に獣の足跡が一直線に残されていた。野うさぎ、カモシカなど、村人たちが見ればすぐ判別できる。その上にガンジキの跡が重なって延びていった。

円空は食べる物がなくなると、「食べ物たのむ」のサインとして深山を流れる渓流に、円空像を流していた。円空像は波に浮き沈みして流れていった。やがて山里・村里の中に流れついた。

流された彫像はどこかの岸辺で木の根に引っかかり淀みの中にただようものもあったので、円空像は数本流されていた。

円空に差し入れ

冬山の道は吹雪のたびに変わる。長く吹き荒れた吹雪で尾根の肩や渓流の上に大きくせり出した雪庇が伸びている。誤ってその上に乗ると雪庇が崩れて命を奪われることもある。

森に入ると、どどーっ！　と、にぶい音とともに高木の枝に積もっていた雪が落下してくる。雪の塊は枝々にぶつかりながら粉雪となって村人たちの頭上にも落ちてきた。

しばらく行くと滝が見えてきた。夏には荒々しく落瀑していた滝も凍りつき、氷柱の垂れ下がった氷瀑となっている。その中に赤い点に見えるのは滝の中に閉じ込められた山柿だ。氷瀑の中に何か突き出ている物があった。

「ほれ、また〝えんくさん〟が滝の中にいる。」夏か秋に渓流に流された円空像がどこかでさまよい、こうして氷瀑の中に現れることがある。

「えんくさん、春までそしてれ。」村人たちは笑いながら横目で眺め、また雪を踏みながら登って行った。村人たちは円空像も「えんくさん」と呼んでいた。

数時間かけて円空の籠る窟の下に着いた村人たちは、背負った荷物を雪の上におろすと、すぐ窟に向かって、

「えんくさーん、まめか〜」叫び声は山々に木霊《こだま》して返ってきた。

窟の中から、ヌ！と円空の顔がのぞいた。ぼうぼうに伸びた髪の毛の奥に鋭い目が光っていた。げっそり痩せた顔は別人のようであった。そのあと、窟の中に消えた。

円空がまた出てきて、懸崖を滑るように降りてくると、

〝みんな元気か〟と声をかけた。その一声が村人たちには有難かった。

破れ法衣の中から数体の彫像を取り出して叺《かます》の上に並べた。これは食料の礼であったが、村人た

ちの帰りの安全のお守りでもあった。

じさまの身体の具合、子供たちの様子など、しばらく里の様子を聞いていた。

そのあいだに若者たちは大きな樹の横を掘って莚《むしろ》をめくり、持ってきた叺を入れてから、また雪を被せていた。これが雪国の氷室であった。

えんくさんの無事をたしかめ、話も終わって、円空が懸崖を上って窟に消えると、村人たちは深々と頭を下げていた。

山を下りて行く村人たちの上を風で流れる風花が舞っていた。

滝凍る氷瀑のなか割り木仏　風に崩れる老杉の雪　　萌雪

春一番、円空すっ裸

冷たい山里にも春一番が吹いてきた。雪原に照る太陽の日差しも明るく、仄《ほの》かに暖かい春が感じられていた。木々の蕾《つぼみ》はまだ固いが、蕾の中で春は蠢《うごめ》いていた。

雪国では春が近づくと冬に溜めておいた竈《かまど》の灰を真白な雪の上に撒いて雪融けを早めていた。白い雪原の上にまだらに広がる灰の黒さは春を呼ぶ雪国の風物詩である。

雪に覆われた渓流の下から何か聞こえてくる。ゆきしろの音だ。雪の表層だけを残して下は日毎に融けていき、大きな空洞になっていく。まだ雪が降る日もあるが、それでも深山に春は確実にやってきた。

残雪は日毎に融けていき、土の中から虫が這い出る三月のはじめ頃を二十四節気《せっき》で啓蟄《けいちつ》と呼んでいる。


円空の窟の中にも春一番が吹き込んできた。げっそり落ち込んだ痩身に長く伸びた髪の毛を垂れ下げた円空は窟の棚に出てきて、両足を広げ、思いっきり両手を天に突き上げ、ウォーッ！と腹の底から叫んで身体を震わせると、身体に溜っていた垢が春風とともに落ちていった。着たきりの肌着には虱《しらみ》まで這い出していた。

春一番　円空　すっ裸　虱干し　　萌雪

長い冬が終り、木の芽が萌える春がやって来た。円空は窟を降りていき、雪が溶けて現れた黒い山土を踏んで渓流の近くに行き、髪を切り落とし、伸びたひげを剃ってから、汚れた着物を脱いで、渓流の中に入っていった。

ゆきしろの冷たい渓流の中で、頭陀袋《ずだぶくろ》から無垢老樹《むくろうじゅ》の果実の皮をとりだして、水に溶かして泡立てて全身に摺りつけて洗っていた。

洗い終わると、冷たい渓流の中に身を沈めて印を結び、浄身の呪文を唱えていた。

猿のように崖を上って窟に戻った円空は、秋に尼僧アイから貰った真新しい肌着に着替えると見違えるほど生き生きした円空に変わった。

身も法衣も綺麗になった円空は、窟の奥に祀られた仏神像の前に座って読経を唱え始めた。窟籠《いわやごも》りを見守ってくれた窟の神、木食戒を無事に終わらせてくれた神々に感謝して、窟籠りの終りを告げた。

母のまぼろし ～ 夜空に響く孤児《みなしご》の三弦

円空が木食戒をしている時、尼僧アイは運命の思索をつづけていた。

冬の尼庵は深い雪の下に埋もれて、時は単調に過ぎていく。深夜、寂しさを超えた孤独感がひしひしと迫ってくると、まだ見ぬ母への思いが募り、母の名を呼ぶこともあった。狭い尼庵の中に返る言葉もなく、カタカタと戸の揺する音だけがひびいていた。

自分が捨てられた夜も〝木枯らしに揺れる戸の音がしていた〟、と庵主から聞かされたことが、そのたびに思い出されて悲しかった。

「きっと迎えに来るからな。」その母の言葉は真実から出たものであろうが、それから二十数年過ぎたのに……、いま頃、母はどこに居るのだろうか。

深夜の思索は運命の深層にまで内行していき、無意識に父を呼ぶことがあった。母を捨て、自分を捨てた父が憎かった。なぜ、なぜ私を捨てていったの、憎しみが込み上げるほどに父を許せなかった。憎しみは怨念となって燃えあがっていった。

尼僧アイはそれが悲しかった。今が憎しみの時となって過ぎていくことが悲しかった。

忘れよう、忘れることが運命から解き放たれることなのだ、と理性で感情をどこかの隅に押しやることはできても、身体の中に流れる血がまた父を呼ぶのであった。

私を捨てたのではなく、不慮の出来事から、それが最善の行為であったのかも知れない、善意に解釈しても、すべては霧の中であった。

なお、〝私は誰〟と自問する尼僧アイは苦悩を断ち切るために、また三弦を取り出して調律を始めた。三弦の調べが庵主の語るように聞こえてきた。

深夜、尼庵から哀調を帯びた孤児《みなしご》の三弦と尼僧アイの歌う声が流れていった。

人の世に渦巻く運命《さだめ》　おそろしや
そっと覗けば深淵に　みじめな時　るいるいと
背負って生きる姿あり

萌雪

歌いつづける尼僧アイヌーラの前に、顔の見えない母のまぼろしが立っていた。

山筋の情報を聞きに

窟を出た円空は残雪の残る山道を修験走りで下りていった。冬ごもり前に頼んでおいた山筋《やますじ》の情報を聞きに、真っ先に木地師の村落に向かっていった。

山筋（山人筋《やまびとすじ》）とは木地師・鉱山師・修験者・旅芸人など全国の山道だけを歩いて各地へ渡る者たちで、中には密航者から犯罪の逃亡者もいた。隠語で〝すじ〟と呼ぶこともあった。山筋の通る尾根道は、津軽（青森）から秋田・新潟・長野・滋賀・岐阜を通って熊野までつながっていた。そのあいだ町に下りることなく目的地に行くことができた。情報の交換は特定の木地師の家で行われ、各地の情報をつねに交換していた。情報は蝦夷地から琉球まであり、海辺を渡り歩く盲目の旅芸人ゴゼの情報まであった。

木地師の家に着いた円空が木戸を叩くと、若い木地師が出てきた。

「あっ、えんくさん、待っていました。どうぞ上がってけれ。」

通された板の間は轆轤《ろくろ》が置かれた仕事場であった。囲炉裏の横座（主が座る場所）を円空にゆずって、その横に若い木地師は座った。そして、語りだした。

あれから多くのすじに聞いたが誰も知らなかった。或る日、津軽から来たすじが教えてくれた。

「蝦夷地《えぞち》の地名にはベツが多くある。ベツはアイヌの言葉で〝川〟を意味している。のぼりベツ、ほろベツ、もんベツ等々。イクシュンベツはかなり奥地で和人でも知っている人は少ないという。場所は石狩平野の奥で、夕張山の山麓と言っていた。」

「イクシュンベツのアイヌ語に和人がつけた当て字は、伊古真別、幾春別などいくつかある。」

そう言いながら若者は、津軽すじが書いた紙を広げた。

いくつか書かれた当て字の中で〝幾春別〟が円空の心の中で広がっていった。誰がつけたか美しい地名である。この時から円空には津軽海峡の先にある遠い蝦夷地に魅せられていった。〝蝦夷地の奥〟だけで漠然《ばくぜん》としていたが、ひとつの手がかりがつかめた。円空に山岳修験者の価値観がよぎっていった。

未知なる道は　聖なる未知、既知なる道は俗となる　　萌雪

イクシュンベツ、何処《いずこ》の里か　～未知なる蝦夷地へ

円空はしばらく考え込んでいた。

「もうひとつ、アイヌーラの意味は分かったかな?」円空がぼそっと尋ねた。

「それも一冬のあいだ多くの〝すじ〟に訊ねたが分からなかった。アイヌの言葉に詳しい〝蝦夷すじ〟がいたので聞いてみたが分からなかった。」

〝アイヌーラ〟、この言葉につながる手がかりは何もなかった。アイヌにつながるなにかを期待していたがそれすらなかった。

すじからの情報はさらにつづいた。

「津軽すじは、『津軽アイヌから蝦夷地のアイヌまで、つながりを持っているので、次に来るまでいろいろ聞いてくる』と言っていた。」そういって若者の話は終わった。


円空はイクシュンベツがいま現実に蝦夷地と分かって気持ちは落ち着いていた。見たこともなければ、言葉さえ知らない未知なる蝦夷地に恐れる気持ちはなかった。むしろ生命をかけて山岳修験に生きる円空の身体の中には、未知に身をさらす挑戦的な覇気すら込み上げていた。

アイヌーラの母親につながる何かを求めて蝦夷地に渡ることは修験者の遊行と重ねても矛盾はなく、宗教的には同元の行為である。

円空の中で葛藤していた孤児《みなしご》の弱さと強さの矛盾がなくなり、蝦夷地への遊行も描きはじめていた。

子供の頃から山筋を知っていた円空は、蝦夷地の〝アイヌ彫り〟を知っていた。いつか行ける時もあるだろう、と漠然と思っていたことが、円空が求める聖仏師への道とつながっていった。

〝蝦夷地といっても遠い北の国オロシャではない、津軽から松前に渡れば行ける国だ〟若い身体の中で雄大な北の大地は〝聖なる未知〟として現れていた。

円空、三四歳の春であった。

尼僧アイの彫像を祀る ～ 尼僧アイは見えない運命に震えていた

山里の雪が溶け始め、黒々とした土の上で寒梅が可憐に咲き始めていた。

ふきやま（吹雪溜まり）に埋もれていた祠《ほこら》は雪の重みに潰されていたが、その中から濡れた円空の聖観音《しょうかんのん》が顔をのぞかせていた。

木地師の家を出た円空はその足で尼庵を訪ねていくと、尼僧アイは明るい顔で迎えてくれた。仏間に上がった円空は懐から一体の彫像を出し、黙って床棚に置いた。それは秋の夜に三弦を弾いていたアイヌーラの清楚な姿であった。

尼僧アイは床棚に祀られた彫像が自分だとすぐに分かったので、円空にうなずくように瞳で礼をいってから、その前に座って尼僧像を見上げていた。尼僧像の微笑みは、夢にまで見た幻の母の微笑みと映った。

囲炉裏に座った円空は木地師の家で聞いた話しをゆっくりと話し始めた。

静かに聞いていた尼僧アイは、二〇年間なんの変化も無く単調に過ぎていた自分の運命が、いま何かの力で回り出していることを感じていた。

「蝦夷地って、どこにあるんですか？」

円空の話しに出てくる港から町の呼び名、古雪湊《ふるゆきみなと》、津軽、松前等、どれも初めて聞く土地の名ばかりであった。

話が蝦夷地・イクシュンベツになると、さらに熱っぽく太い声で話しつづける円空の姿に、もう窟籠りの修行僧ではなく、未知を求めて行く畸人《きじん》円空になりきっていることが嬉しくもあり、悲しくもあった。

「で、いつから遊行《ゆぎょう》に発たれますか？」

「窟の中を浄め、遊行の支度ができ次第すぐに発とうと思っている。先々は山筋にもう頼んである。津軽・弘前のアイヌにもやがて届くだろう。蝦夷地の奥にまだ和人は入っていないらしい、蝦夷半島（渡島《おしま》半島）からさらに奥地にあるイクシュンベツに行けるかどうかは分からないが、どんなことがあっても俺は幾春別まで行ってくる。」

円空の話を聞き終わったアイヌーラの胸の中は、時空を超えて交錯していた。母の片身に書かれていた〝イクシュンベツ〟が蝦夷地と分ったが、なぜ遠い蝦夷地なのだろう、自分につながる見えない運命にかすかに震えていた。

母の形見を円空に託す

円空の話を聞きながら、尼僧アイに庵主の話がよぎっていた。

……「この児をお願いします。」生まれて間もない乳呑児を私の前に置いた。泣きじゃくる女は、まだ生まれたばかりで眼も見えない赤子の寝顔に頬ずりをしながら「せめて朝までは」と夜が白々と明けるまでお前を抱きしめていた。

「この児にあげるものは、これしかないんです。」

旅の女は腰から刺繍のついた分厚い小袋の中から小さな宝石と一片の紙切れを私の前に差し出した。その紙片には《イクシュンベツ、アイヌーラ》と書かれていた……。

あの夜に聞かせてくれた庵主の声まで聞こえていた。

円空の話をじっと聞いていた尼僧アイは、すでに心の中に或る決心をしていた。

子供の時から肌身離さず持っていた小袋をそっと外した。金糸の刺繍で織られた分厚い錦の小袋は鈍い金色に輝いていた。小袋の中から宝石を取り出した。小さな宝石は磨かれて不透明な青みがかった光沢に潤んでいた。円空に初めて見せる母の形見の宝石であった。

「これ、何かの手がかりになるかも知れないので持って行って下さい。」

尼僧アイは自分が縫い上げた真新しい法衣の裏側につくっておいた物入れに、宝石の入った小袋を入れてから、一針一針 確かめるように閉じていった。

縫い終わると、急に涙が込み上げてきた。形見を手放すことは自分にかかわるすべてと別れることになる。母とも最期の別れをすることになる。

「それでいいのだ」と、なんども迷いながら決めた自分に言い聞かせるように、円空にすべてを託した。

現世で何かの因縁があって円空と知り合ったことが嬉しかった。信じることが今の尼僧アイにとっていちばんの歓びであり生甲斐になっていた。

次に会えるのは何年先か分からない。円空に惜別の感情が強く込み上げてきた。円空が去る、母の形見も無くなる。

尼僧アイの心に不安はあったが、おくびにも出さず、用意していた膳を並べてから、木造りの椀に濁り酒をついで遊行の無事を祈った。

尼庵の庭には春雪を被った白梅が咲いていた。

円空いずこへ ～魂の運命は流れゆく

いよいよ遊行に旅立つ日の夜が明けてきた。円空は尼僧アイがつくってくれた真新しい法衣に結《ゆい》袈裟《げさ》を掛け、遊行僧の身支度に整えていた。

窟の中に置いてあった棚板、残っていた割り木も片づけ、木屑も綺麗に掃除した。ガランとした洞窟の中に残っていた藁布団にもう寝ることはない。その藁布団も夜明けに渓流の岸辺で燃やしてきた。

この窟に再び戻ることはないだろう。円空はしばらく経文を唱えていたが、合掌した手をはずし、数珠で大きく宙を切った。

〝窟聖《いわやひじり》円空〟と呼ばれていた窟籠りも終わった。人のいなくなった窟の中はやがて小鳥の巣になるだろう、カナヘビなど虫たちも寄って来るだろう。そうして窟は深山の森に囲まれた自然の洞窟に還っていく。

新しい法衣に結袈裟を掛け、遊行僧の姿になった円空は、残雪の山道を下りて行った。

村落に近づくと山里の家々は、渓川からたちのぼる深い霧に包まれていた。霧の中に円空の姿が黒い点描となって動いていた。

円空は病人のいる家々を何軒か回っていた。「えんくさん」と追うように妊婦の若嫁が出てくると、いつものように安産観音を手渡した。円空の彫った彫像は、病の治るように、安産で丈夫な児が生まれてくるように、と山里村里の庶民が手にして祈る祈禱像であった。

炎天がつづきひび割れていく田畑に、請雨《こうう》の祈りで雨を降らせてくれた〝えんくさん〟がいなくなる。

「ほれ、えんくさんがでていくだ、こんど、いつけえってくるかや。」

門に立ち、円空の姿を見ていた村人たちはささやいていた。

円空の白足袋に固く締めつけられた草鞋が見る者にも心地よく映っていた。加持祈祷を終えて静かに村を去って行く円空の後姿に、村人たちは合掌して頭を下げていた。

病床から息子の背に負われて出てきた老人は、去りゆく円空の姿に涙ぐみ、小さな声で、

「えんくさん」と呼んでいた。

村を出ると円空は修験走りの早足に変り、朝露に濡れた棚田の道を走りゆき、やがて深い霧にけむる森の中に消えていった。

第四章　草原の風

中央アジア数千年の歴史は、草原の遊牧民とオアシスに定着した民族・部族によって繰り広げられてきた興亡の歴史である。敗北の民族にも歴史はあったが、正史に書かれることなく歴史の裏に消されていった。敗北した民族・部族にとってシルクロードは、再会を誓って別れた別離の悲しい道であった。

私の探究心はこの〝別離のシルクロード〟に魅かれて、ウズベキスタンの首都タシケントからサマルカンドを訪ねていった。サマルカンドでは多くの古廟を訪ね、中央アジアの覇者、チムールのカタコンベに降りてゆき、黒曜石でつくられた柩の横に坐って思いに耽ったこともあった。

サマルカンドの古廟を訪ねて、複雑につくられた回廊を歩いていると、崩れたテラコッタに「兵《つわもの》どもが夢の跡」、シルクロードの栄枯盛衰が甦ってきた。

一　草原とオアシスの興亡

草原とオアシスを語るとは中央アジアを語ることであり、それはソグディアナ（「ソグド人の土地」の意）から語り始めなければならない。〝ソグディアナ〟、日本人にとっては耳慣れない国名であるが、日本とは遠い昔よりさまざまな歴史が綾《あや》をなしている。

〝歴史の綾〟とは、草原とオアシスに散った民族と部族の歴史である。中央アジアにいくつかの物証は残っているが、ソグドの錦《にしき》はまったく残っていない。その錦裂《きんれつ》（切り裂かれた錦織）が奈良・法隆寺宝蔵、東大寺正倉院宝庫に眠っている。

ソグドが歴史に現れるのは、紀元前三世紀から紀元前二世紀である。アレクサンドロス大王（前三五六～三二三）がペルシャを征服（前三三一）したあと、東征軍を率いてソグディアナのマラカンダ（現サマルカンド）に侵入してきた時、最後まで抵抗してアレクサンドロスを苦しめたのはソグド人の武将スピタメネスであった。ソグド人の抵抗はスピタメネスが最愛の妻ザーラに刺殺されて終るが、多くのソグド人はマラカンダから敗走してフェルガナ盆地やキルギス地方に離散していった。その後ソグドはセレウコス朝、バクトリア王国、康居と呼ばれる北方遊牧民族、さらにクシャーン朝、ササーン朝と変遷する帝国の支配におかれてきた。

中央アジアの歴史とは、北方遊牧民族とオアシス定住民族の草原とオアシス興亡の歴史であった。

シルクロード最大の要衝ソグディアナ、ソグドは多くの手工業を発展させていた。ブハラで染織された錦は、胡錦《こきん》・番錦《ばんきん》と呼ばれて世界に運ばれていた。

意匠の主題は・帝王獅子対面図等を模していたが、織り方はヨーロッパの絵画的表現とは異なり図形的装飾表現で、一見してはっきりとソグド織りと分かる独創的な意匠表現を創り出していた。法隆寺蔵の経錦《けいきん》断片、錦裂の中にある「パルティアン・ショット（馬上に乗った帝王が振り向きざまに獅子に矢を射る姿態）」の意匠は明らかにソグド織りである。

これらは法隆寺宝蔵品の一部であるが、法隆寺に残されている錦裂はシルクロードにも残されておらず、世界で法隆寺と正倉院だけである。千数百年前の歴史が日本だけに存在することは奇跡である。

砂漠に灯《とも》る聖なる火 ～暗黒の大地にゾロアスター教の祈り

中央アジアの草原も砂漠も夜になると暗黒の世界となる。ゆえに、古代より天空にきらめく月と星は神の世界と畏れられていた。人間が漆黒の中に灯る火に神を感じ、救いを求めて祈りを捧げたのは宗教以前の祈りの原形であった。

中央アジアの歴史はいつ頃から始まったのであろうか。最近、北辺を調査していた考古学者が発掘した人骨が紀元前一〇万年と推定された。中央アジアの砂漠の下にはいまだ膨大な未知の歴史が埋没している。

ゾロアスター教は、前数世紀よりアム・ダリア北辺に移住していたソグド（胡人）の民俗信仰であった。信徒たちは全身を白衣で覆い隠して、聖火台の上に火を灯して祈りを捧げた。儀式は各家庭や真っ暗な岩窟教会の中で行われていた。

前三世紀頃に分離してマニ教が派生したが、ゾロアスター教の最盛期にはインド・中国・ローマにまで広まっていき、ササン朝ペルシャ帝国の国教にまでなっていた。

ゾロアスター教では、人間の死体を火葬することは神への冒涜であるとして許されなかった。葬斎《そうさい》は死体を分断して、〝沈黙の塔〟と呼ばれる丘の上につくられた場所に運ばれ、鳥葬にふされた。死体は白骨化してから鉄製の棺に納められて埋葬された。

現在でもシルクロードの砂漠をゆくと、遠くに見える岩丘の山頂に残る大きな円形の遺跡は、鳥葬が行われた〝沈黙の塔〟の遺跡である。

乾燥した風が吹き抜ける熱砂の砂漠に、アフガン（砂嵐）に叩かれながら両翼を広げた鳥が刻まれた遺跡が建っている。それはゾロアスター教の聖なるシンボル「アフラ・マズダ神像（光明の神）」である。

ゾロアスター教は紀元前七世紀頃、古代ペルシャに興った信仰で、開祖はゾロアスターである。主神が火であることから拝火教とも呼ばれている。教義は人間の善と悪を「明と暗」にたとえ、終極は全世界のあらゆる金属要素が溶流して地球を覆う、と説いている。

二　歴史に散ったイコンの宝石

異教徒の侵略で略奪されたオクラードの宝石

一個の宝石にも運命がある。長いシルクロードの歴史の中で悲劇の宝石もあり、数奇をたどる宝石もあった。

ロシアの歴史書『過ぎし年月の物語』（『ロシア原初年代記』）を読むと、現在のロシア・ウクライナ・ベラルーシの三国は、当時「ルーシ」と呼ばれる広大な地域であった。ルーシはウラジーミル公国王を主に、六つの諸公国の連合国家として首都をウクライナのキエフに置いた。

国王ウラジーミルは約一〇〇〇年前、土着の信仰を廃止して、ギリシャ正教を国教に定めて、国内に数多くの寺院を造っていった。首都キエフにはギリシャ・ビザンチン様式の華麗な大聖堂や教会が造られ、聖壁には数万点のイコンが飾られた。なかでも聖母のオクラード・イコンは神々しい光りを放っていた。

オクラード・イコンとは、平板イコンの上に顔と腕だけを残して薄い金属板の型押しや浮彫りでつくられた金銀細工で覆われたイコン（リーザ・イコン）の上に、ルビー・サファイア・ダイヤ・トルコ石・真珠などの宝石を鏤《ちりば》めて荘厳・華麗につくられたイコンである。

一二二三年、突如ルーシに侵略してきたモンゴル軍はルーシ諸公国軍を撃破した後、なぜか去って行った。そのあと一二三六年再び侵略してきたモンゴル侵略軍は、ウクライナ人がやっと築きあげた首都キエフをことごとく破壊した。教会に飾られていたすべてのイコンも聖母のオクラード・イコンも砕かれた。

侵略してきた異教徒モンゴル人にとって、ルーシ・ギリシャ正教の神聖なイコンは何の価値も持たず、オクラードのイコンは宝石だけが抜き取られたあと、廃墟の中や広大なステップの原野に投げ捨てられた。

はぎ取られたオクラードの宝石は、モンゴル軍の刃剱の飾り・玉杯・調度品や手鏡の背面などの装飾にはめ込まれていった。

　モンゴルはその後二五〇年に亘って現在のロシア・ウクライナの二国を支配していた。この時代は歴史的に「タタールのくびき」と呼ばれている。

　このオクラード・イコンの宝石は、さまざまな歴史の中で、胡（ソグド）の商人によってシルクロードの東サマルカンドへ運ばれ、さらなる東、中国の各地に流れていった。そしていくつかは東限の奈良・正倉院宝庫に眠っている。

シルクロード～歴史は千数百年の時空を超えて

　シルクロードと一つの道のように使われているが、そうではなくヨーロッパから中央アジアから中国に至る広大な地域に太古から生活交流として使っていた道で、その数は数千から数万以上の道があった。

　その中で、地理学的に通商路として目立つようになった八つのルートが近代になってからシルクロードと呼ばれるようになった。俗に〝キャラバンの道〟とも呼ばれている交易は、歴史的に七～八世紀がいちばん隆盛であった。

シルクロードはヨーロッパコースと中国コースに分かれていた。古代から「セリカタオ＝絹の道」と呼ばれ、毎年大量のセリカ（絹）が中国から西方へ運ばれていた。

中国から運ばれた絹は西欧の交易商にわたされ、ヨーロッパで染織され、斬新な意匠の綾・錦となって東へ還流してきたのである。西欧と東方の交易の接点は中央アジア（現ウズベキスタン）の都市ブハラ、サマルカンドであった。

これを一路として見ていくと、シルクロードの東限は日本であった。その中で日本に関わるコースは北コースと中央コースであった。

【北ルート】イタリア・ローマからベネチャ～キエフ（ウクライナ）～モスクワ～カザフスタンから天山山脈を越え～西安～（中略）～法隆寺。

【中央ルート】キエフのドン川・ボルガ川の下流からブハラ～サマルカンド～天山山脈～西安～（中略）～法隆寺。

シルクロードでキャラバンに運ばれたのは絹だけではなく、多くの貴重品も運ばれていた。その中に少数民族、月氏《げっし》（禺氏《ぐうし》）が西域から運んで中央アジア・中国に広めた玉《ぎょく》があった。とくに中国では「禺氏の玉」と呼んで喜ばれていた。西域とはどこを指すのか、西域とは特定の国ではなく、中央アジアより西の地域をこう呼んでいた。さらに進むと、ルーシ、ウクライナの広大な平原であった。

シルクロードの歴史の中で中央アジアの歴史をひらくと、シルクロードの支配権をめぐって軍事的な争奪をくりかえした群雄割拠、勝者と敗者の時代がつづいていた。

三　別離のシルクロード

一片の錦裂にも運命がある

中央アジアとはどの範囲をさすのか、いまははっきりと国境が引かれているが、それはまだ九十数年前、ソビエト連邦になってから定められた国境であり、それまでは戦乱の荒廃を繰り返す草原と砂漠の大平原であった。民族についても同様、歴史的解釈により多様に交錯している。

歴史とは常に勝者の歴史であり、敗者が書かれることはない。敗者が書かれるのは、勝者を合理化するか敗者を否定的に付け加えられる時だけである。とくに古代から中世にかけては敗北の民族・部族たちは何も書かれることなく歴史から消えていった。

中央アジアの歴史は草原の遊牧民からオアシス定住民まで、侵略と攻防のくり返しであった。草原に押し寄せる侵略者の波濤に消えていった民族は、少数民族からソグド人のような大民族まで数え切れないほどあった。

華やかに伝えられているシルクロードは、敗走する民族・部族の別離の道でもあった。都を落ちていく敗北の部族・一族たちは、いちばん大事にしていた錦織の衣装を切り裂いて各々が一片ずつ持って別れて行った。

錦裂《きんれつ》（切り裂かれた錦織）をさらに切り刻んで、乳呑児の着物に縫い付ける母親もいた。離散した一族がいつの日か再会を果たして、錦裂を再び組み合わせて元の絵柄を見る日を誓って別れていったのもシルクロードであった。別離の悲しみと苦しみを秘めた錦裂を見て若者たちは奪われた祖国を取り戻す再興を心に誓っていた。

切り裂かれた錦裂はキルギスタン・アフガニスタン・ヨーロッパ・中国等に運命の綾を織りなしながら遠い異国にまで散っていった。

錦裂はヨーロッパの錦裂、ソグドの胡錦裂、ブハラ・サマルカンドの錦裂等、時代区分は千数百年の巾に分かれるが、どの錦裂であれ、現代まで遺されているのは奇跡に近い。

一片の錦裂にも砂漠に消えた民族の運命が秘められている。

第五章　円空 アイヌモシリ

一　円空、津軽海峡を渡る

津軽に現れた円空

寛文五年（一六六五）の師走であった。津軽藩の城下町、弘前の町に薄汚れた法衣を着た修験者がうろついていた。屈強な体つきで眼光は鋭く、やることなすこと奇妙な行為なので、町の人たちは気持ち悪がっていた。うわさを聞いた津軽藩の役人が修験者の前に来て、

「年が明けたらすぐに弘前の町を出ていけ」ときびしく処払《ところばら》いを命じた。

これは、『津軽藩日記』の寛文六年（一六六六）正月の一文にこのような意味が書かれていた。

この日記から、円空が津軽から蝦夷《えぞ》島（北海道）に渡っていたことが裏付けられる。

円空はひょっこり弘前の町に現れたのではない。美濃の深山を去ってから、円空は山筋の歩く尾根道を歩いていき、弘前の山中に住む津軽アイヌを訪ねていった。ここで約七か月、アイヌの生活になれながらアイヌ語を覚えていた。そして蝦夷地の情報も教えてもらっていた。

津軽海峡の海は昔からアイヌと津軽の漁船が互いに共有していた漁場であった。津軽と蝦夷地は互いに見える距離にあり、小さな漁港からでも蝦夷地に渡ることができた。

年が明けて、弘前の町が正月気分で賑う中、円空はどこかの漁港から漁船に乗せてもらい、雪まざりの潮風が吹く津軽海峡の波にゆられて未知なる国、蝦夷島へ渡っていった。

当時、大坂から蝦夷島（北海道）の松前まで北前船と呼ばれる大型廻船海運がさかんに行き来していた。航路は日本海沿岸、北陸の加賀、敦賀、酒田、由利本荘など、各港に立ち寄って函館から石狩の港まで行っていた。北前船には航海の安全を願って僧侶が数人乗船していた。その中に修験者もいた。

円空、渡島《おしま》半島をゆく

山人円空と呼ばれていた美濃の山岳修験者が潮風に吹かれて海を渡って行った。円空は船に揺られながら津軽アイヌに教えてもらった蝦夷地の地形、アイヌの神々（カムイ）について思いをめぐらせていた。

津軽海峡を渡って来た漁船が蝦夷地の小さな漁港に着いた。

「円空さん、着きましたよ。」漁師が声をかけると、船着き場に降りた円空は、

「ありがとう。」ぶっきらぼうな礼であったが、心の中では漁師に厚く感謝していた。

蝦夷島の大地に立った円空は、初めて見る景色をしばらく眺めていた。

〝ここがアイヌモシリ（アイヌの大地）か〟独り言をつぶやいた。

寛文六年（一六六六）、円空、三五歳の一月であった。


雪国に育った円空でも蝦夷地の冬は身にこたえていた。背中に兎の毛皮のついた甚平さん（チョッキ）を着て、腰には鹿皮の腰敷き、足には布をぐるぐると巻きつけその上から油紙でくるんでから藁沓《わらぐつ》を履いた。顔には巾の広い襟巻を巻いて目だけをのぞかせていた。

美濃には分厚い布で組んだ脚絆や頭巾もあったが、あえて修験者の身支度にこだわった。

それから弘前アイヌに教えてもらった渡島《おしま》半島の海沿いの街道を歩いて行った。

オオタカムイ（太田権現）の洞窟までの道のりは遠く、誰ひとり通らない淋しい冬の街道を芋虫のように身体を丸めていく円空に、雪が混ざった強風が横殴りに吹き付けていた。

オオタカムイの洞窟に入る

渡島半島の空は重い雪雲に覆われ、海岸線につづく街道は磯に砕け散る飛沫が舞い上がっていた。うつむいて修験走りで行く円空の目には冬の海に荒れた浜辺の光景がどこまでもつづいていた。低く垂れさがった灰色の雪雲はさらに濃くなり、やがて渡島半島は暮色に沈んでいった。

津軽アイヌから聞いていた洞窟を探しながら行くと、途中に山がせり出した藪の中に洞窟があった。円空は入って行き中を見ると雪はなく、誰かが寝ていたのだろうか枯草が敷いてあった。初めての夜、円空はその洞窟に寝ることにした。

翌朝、暗いうちに起きた円空はまた潮風が吹き付ける街道を歩きつづけて行った。歩けば身体はほてって熱くなる。襟巻を外して顔を出すと寒風が心地よかった。

歩きつづける円空の先に、海に向かってそそり立つ懸崖が見えてきた。上方に雪混じりの風に吹かれてポッカリ穴が開いていた。とうとうオオタカムイ（太田権現）の洞窟の下にたどり着いた。窟は地上から七メートルあり、しかも絶壁なので常人が登るには難しかったが、円空はたやすく登って行った。窟に入った途端、キーッ！　と奇妙な鳴き声をあげて数羽の鳥が飛び出してきた。天井には数匹の蝙蝠がぶら下がっていた。

円空は今日から始まる窟籠りの位置を確かめるために中に入って行った。冷たい岩壁に手を触れながら低い声で何かを唱えていた。修験者にとって大自然はすべてヴェーダ（神）と崇めていたので、この窟も岩壁もヴェーダであった。

薄暗い窟に座った円空が外を眺めると紺碧の日本海に無数の白い波涛が窟に向かって押し寄せていた。吹雪にかすむ沖の彼方に薄っすらと島が浮かんでいた。アイヌが〝カムイの島〟と呼んでいる奥尻島である。

休む間もなく荒《すさ》んだ窟の中の掃除を始めた。修験者は「草に寝る」と言われるように、円空は今夜から寝る枯草を集めにも行かなければならなかった。

窟の中がそれなりに片付くと、下に置いていた笈《おい》を釣り上げた。笈に被せていた破れ笠を外して壁に立てかけた。それはどこを旅する時も持ち歩く破れ笠。笠は違っていても、子供の時に母が被せてくれた破れ笠と思いは同じであった。

畸人《きじん》円空

いままで日本各地にいた山岳修験者の数は数万人とも数十万人とも言われているが、実数はだれにも分からない。修業の場は山林であるが、寝泊まりする場所は辺鄙な村里で僧のいない寺、廃寺、お堂、山に散在する小屋などであり、窟に籠る修験者はそう多くなかった。まして深山の洞窟に籠ることは至難《しなん》であり、さらに少なかった。

暗い洞窟に入るだけでも薄気味悪いのに、そこに寝起きして木の実をかじり、渓谷の流れを飲んで生活するのは普通の人間にできることではない。

円空が蝦夷地に渡ったのは一六六六年である。その頃、和人で蝦夷地に入った者は少ない。とくに和人は蝦夷地侵略の時期であり、侵略者「シャム」と呼ばれてアイヌから敵対視されていたので、松前藩でさえ入れたのは渡島半島とわずかな道南の地域であった。

その時に渡島半島を行き、オオタの絶壁にあるカムイの窟で彫像を彫りつづける円空はまさに畸人《きじん》であった。

自ら山に入り、山に伏す者を山伏と言う。正式な僧侶の資格を持たない山伏を私度僧《しどそう》と呼んでいる。円空は私度僧であった。

円空は山に入り、深山に籠り、一心に彫像を彫りつづけていたのは、長良川の濁流に呑み込まれていった母の霊に、十二万体の神仏像を彫る誓願を立てていたのである。だがこの〝十二万〟とは密教における無量数であって実数ではない。

日本の有名寺社に祀られている神仏像は、タントラ（密教）の曼陀羅図に描かれた神仏像である。

最澄、空海が中国から日本に持ち帰った密教経典を正密教と呼んでいる。さらに比叡山延暦寺を台密、高野山を東密と呼び、両派の僧侶を官度僧《かんどそう》と呼んでいた。

しかし密教は最澄・空海が持ち帰る以前から日本に入っていた。これは私度僧と呼ばれる山岳修験者によってうけつがれていた密教で、雑密《ぞうみつ》と呼んでいるが、雑密は日本が付けた呼び方で、密教発祥の地インドではタントラと呼んでいる。

アイヌに話しかけていった円空

荒れた奥尻海峡の吹雪は収まっていたが、沖から吹きつける風は氷のように冷たかった。

円空は窟を下りて裏側の山の中に入って行き、彫像を彫る木を探していた。やがて何本かの木を持って窟に帰ってきた。

円空が籠《こも》った窟は一か所ではなく、渡島半島の海岸線に散在するいくつかの窟であった。その中でいちばん長く籠ったのがオオタカムイの窟であった。

日本では太田権現《おおたごんげん》と呼ばれているが、これは一四五四年頃、和人（日本人）が付けた名前であって、和人が太田権現と名付ける前から、ここはオオタと呼ばれる土地で、この断崖にある窟は、漁撈をいとなむアイヌにとって海の安全と豊漁を祈るカムイ（神）であった。ゆえに周辺のコタン

（漁村）のアイヌたちはオオタカムイに祈りを上げに来ていた。

何時の間にかオオタカムイの窟に住みつき彫像を彫りつづけるシサム（隣に住む和人）に、土地のアイヌは警戒心を持っていた。それを感じていた円空はときどき窟から下りてきてアイヌに話しかけていた。オオタカムイの言葉は津軽アイヌと同じであった。

簡単なアイヌ語を知っていた円空が彼らにカタコトで話しかけると、少しずつ打ち解けていった。窟の住人が修験者と知ると、もう疑うことはなかった。

このカムイの窟の出会いが重なるうちに、円空は多くのコタンに知られていった。

やがてシサムの修験者円空はアイヌたちに畏敬の念を持って受け容れられていった。

アイヌ紋様とマキリの彫刻

日が過ぎていくほどアイヌたちと打ち解けてくると、円空にはいろいろなことが見えてきた。自分の知る津軽アイヌとはかなり違っていることに気づいてきた。綺麗な紋様のついた衣服を着て、被っている帽子はいくつかの色の異なった色裂を縫い合わされていて、耳覆いの内側には狐の皮が縫い込んであった。

脚絆は分厚い布で幾重にも重なっていて、内側から毛皮（犬・鹿など）がのぞいていた。

足の上は熊の毛皮で飾られていた。どれも酷寒の蝦夷地に耐える防寒具であったが、それ以上に彼らが着ている服の装飾、刺繍で組み合わされた切伏紋様《きりぶせもんよう》の色彩の美しさに魅せられていた。

さらに、アイヌの男も女も腰に下げているマキリ（小刀）の鞘《さや》に彫られた彫刻の美しさに目は集中していた。山岳修験者が常に鉈《なた》を提げているように、アイヌは男も女も腰にマキリを提げていた。よくみると、マキリの鞘に彫られた彫刻はいままで見たことのない個性的な紋様であった。


身を飾る紋様の美しさ、身に付けているマキリに、ここは異国、蝦夷地に異文化が実感として伝わっていた。未知なるアイヌモシリ（アイヌの大地）に、若い円空の心はときめいていた。

それにくらべて、窟の中にぶら下がった藁沓《わらぐつ》が悲しそうに見えてきた。しかし、それが新たに始まる未知なるアイヌモシリへと円空は燃えていた。

二　オオタカムイの窟に春が来た

円空、渚を歩く

北の海　荒れてなければ意味なさぬ

詠み人知らず

渡島半島の西海岸、奥尻海峡、冬の日本海は昼も夜も荒れていた。洞窟の入り口は筵《むしろ》でふさいでいたが、吹雪はカムイの洞窟の中まで吹き込んできて、朝になると円空のかぶった筵布団の上まで線を引いたように積もっていた。雪国育ちの円空でも蝦夷地の寒さは骨身にしみていた。

冬ごもりに彫刻を彫る習慣は、カムチャッカ北方民族や千島アイヌにもあった。長い冬をテントの中で越冬し、春になるとテントをたたんで移動して行ったあとに、大量の木屑と沢山の彫刻（それも優れた彫刻）が捨てられていた。冬季に精巧で高度な工芸的彫刻を行う生活様式は北方民族の特徴であった。この生活文化は北方芸術と呼ばれている。

どんなに海が荒れていても季節は訪れる。三月が過ぎ、やがて五月になるとオオタカムイの窟にも遅い春がやって来た。エゾ桜も満開に咲いていた。断崖の窟から下りて来た円空の顔は髪の毛も髭もぼうぼうと伸びて、すっかり変わっていた。

もう窟籠りの季節は終わった。円空が活発に動き出した。春は修験者の験力《げんりき》を高める山林修業の季節でもあった。アイヌモシリの山々を歩きながら、天をついて萌え出ずる若葉の香りに美濃深山の春を思い出していた。

周辺の山林の地理を覚えることも験力であった。山の湧水の場所、群生する植物の分布から、崖、渓、獣道を辿って円空は歩きつづけていた。

修験者には山人の体験に裏付けされた経験とあわせて科学的知識、土木技術、医学的知識など専門的な知識が要求された。日本にある銀鉱山のおおくは山岳修験者によって発見されたのである。

切り立った断崖から下りた円空は岩清水の湧き出る水場に行き、髪の毛を切り、髭をそると身も心も春がやってきた。断崖のつづく海岸線を行くと小さな砂浜があり、凪《な》いだ渚には昔もそうであったように、いまもくりかえし潮騒が聞こえていた。

潮風に吹かれて渚をゆく円空は、なにを思っているのか日本海の水平線の彼方を眺めながら黙々と歩いていた。

アイヌのチセに招待されて

渡島半島にきてから半年が過ぎると、円空はアイヌとかなり親しくなっていた。ときどきアイヌは食べ物を持ってきてくれた。或る日、親しくなったアイヌから食事に招待された。

いつも外から見ていたアイヌのチセ（家）に関心を持っていたが、家の中は見ることはなかった。

チセは東西に細長く造られていて、真ん中に長方形の囲炉裏があり、座る場所は決められていた。家の東奥にある窓をカムイプヤル（神の窓）と呼んで、それを背にした場所がロルソン（囲炉裏の上座）で、ここに座れるのは男の客と決まっていた。

炉端は上座に向かって左側の上は父の座、下は母の座であり、父と母の座の横は板場になっていた。冬ごもりの間、この板場の上が作業台であった。父は彫刻を、母は縫い物をしていた。

上座に向かって右側は家族の座で、父の向かいが男の子、母の向かいが女の子の座であった。女の子の下座が女客の座であった。

日本の東北地方では、囲炉裏の上座を「横座」といって家の主がそこに座り、あとの決まりはないが、アイヌの囲炉裏の座はすべて決まっていた。

招かれた日に円空はアイヌのチセに訪ねて行き、セム（玄関）に入ると、

「円空さんどうぞ。」

案内されたのはカムイプヤルを背にしたロルソン（上座）であった。

囲炉裏の火の上にはすでにオハウ（鍋料理）が湯気をあげて煮えたっていた。

オハウはアイヌの主食で、ギョウジャニンニクなどの山菜にイモ・大根などの野菜と、鶏肉や魚を入れて、塩と魚の脂で味付けしていた。

時には熊肉を入れたカムイオハウもあり、これは御馳走であった。

主食にはこの他に、サヨと呼ばれるお粥があった。サヨはオハウの中にアワ・エビ・イナキビや乾燥野菜をいれてつくる鍋料理である。

酷寒の蝦夷地に住むアイヌの食文化はどれも暖かく、贅沢ではないが豊かであった。


円空はアイヌの暖かいもてなしを受けてよろこんで食べていた。窟の中で食べる食事との違いを感じながら、アイヌ家族の絆《つながり》の暖かさに心を打たれていた。

アイヌの祈り～囲炉裏の神々への信仰

アイヌの信仰は、生活のすべてがカムイ（神）と共存する民俗信仰であり、宗教的にはトーテミズムである。トーテミズムとは、自分たちの始祖につながる神話、伝説上の象徴である動物や植物（熊、鹿、しまふくろう、魚など）の魂をトーテムと呼び、すべての魂がトーテムであり、儀式は集団的制度化された体系である。

アイヌ民族が親族集団、地域集団を挙げて盛大に行う「熊の火祭」でよく知られているイヨマンテ、正しくは「熊の魂を送る儀式」はトーテミズム最大の儀式である。

極東ロシアと北方少数民族にも同じ意味を持った「熊祭り」があるが、大きく異なるのは、アイヌが親熊と一緒に捕獲されたペウレ（仔熊）を家に連れて来て、野外で飼うのではなく家の中に檻をつくり、家族と同様に育てられ、数年後のイヨマンテにささげられることである。

北方民族や苛酷な寒冷地に生きる人々にとって、冬は内省の季節であり春に備えて道具や器具づくりの期間であった。アイヌにとっても冬は、春の準備とカムイの神々に祈りを捧げる季節である。家で囲炉裏を囲み、赤く燃えるウンチカムイ（火の神）に祈るかずかずの慣習も小さなイヨマンテである。

アイヌの冬は囲炉裏を囲み、自分たちの家族の系統神に感謝するカムイノミ（火の神への祈り）の季節である。アペフチカムイ（囲炉裏の神）は女神である。アイヌの主婦はみなこの女神につながる女系であり、男系のカムイとは区別されていた。

アペフチカムイにかかわる儀式は女の子が子供の頃より母親から教えられ、次世代へと受けつがれていった。主婦が死ぬとチセ（家）ごと燃やしてしまう葬儀は、あの世に行っても貧しくならないように、という意味もあるが、本来は、シネフチイキ（囲炉裏の系統）であることを表す儀式であった。

アイヌの祈りは、すべてをカムイとみる信仰であるが、加えて女性たちには、アペフチカムイへの祈りであった。

三　円空、己れと向き合う

なぜ彫る、自分を問う

アイヌモシリ（アイヌの大地）に来てからすでに半年が過ぎていた。渡島半島にあるいくつかのカムイの洞窟に籠ってきたが、オオタカムイは絶壁にあり、海に向かって暗い口を開いた洞窟は死と隣り合わせであった。この厳しい環境は自ら求めてきた修験の空間であった。

カムイの窟に戻った円空は、いつものように奥に置かれている彫像の前に座った。すでに十数体の彫像ができあがっていた。並んでいる彫像の前に座った円空は「なぜ彫る！」また同じ問いに向き合っていた。

格式の高い寺社に祀られた荘厳な仏像は芸術的にも優れた仏師（僧侶の資格を持った彫刻家）によってつくられ、貴族や武家階層が現在の幸せが来世にまでつづくことを願う礼拝像《れいはいぞう》である。また、どんな辺鄙な村里の小さな寺社であっても、祀られているご神体は仏師の彫った立派な礼拝像である。

それに比べて自分の彫った彫像に荘厳さはなく、芸術的にも劣った稚拙な彫りかけの木切れに見えた。と言って仏師になれるわけではない。また仏師の彫る華麗な彫像を彫ろうとは思わない。

己が彫りつづける彫像は小さく稚拙であるが、彫像は山里や村里で幼子が風邪で熱を出した時に手に握られ、若嫁が出産の時、安産を願って手に握られている。〝えんくさん〟である。名も無き庶民が、苦しみ・悩み・病気を「治してくだされ」とひたすら祈る〝えんくさん〟であり、貧しい人々の生活の中で慕われている。

いまでも山里・村里の人々の治病治癒から請雨の祈りの神として祀られている。さらに故郷の美《み》並《なみ》村に新しく造られていく寺社に御神体として祀られていることが漠然とした自負になっている。だが、〝えんくさん〟とはなんだ？　この問いに答えがなく悶々と悩んでいた。

己の彫像であれ彫り上がった彫像が世に出れば、もう己を離れて独立した人格（神格）を持って社会的な存在となる。それは永遠の存在として生きつづける。それを思うと自分の彫りつづける彫像群の未熟さが責めてくる。

円空には木地師につながる彫刻家の根性がどっしりと座っていた。そこで求めていたのは修験者彫りを基底に止揚した彫像であった。この稚拙から抜け出すために、山筋《やますじ》から見せてもらったカムイを背景に持つアイヌの彫刻を身に付ける機会を待っていた。

アイヌ彫りの真髄を覚える前に〝なぜ彫る〟。この答えをきちんと出したかった。そのために俗を切り、未知なる遠い蝦夷地のオオタカムイの窟を選んで来たのである。

亡き母への誓願で彫りつづける影像が里人に慕われるのは功徳であって、それでいいのではないか。それでは仏師ではないか、いや俺は仏師ではない、じゃなんだ！　彫師か、彫師じゃない、木地師か、違う、なぜ彫る。同じ自問自答が繰り返されていく。

やがて自問自答は白いもやのように霧散していく。しかし、くりかえし己に迫る自問に対して厳しいオオタカムイの窟で、はっきりとした答えを出したかった。

仏師の彫った礼拝像は荘厳華麗であるが、辺鄙な里山で貧しい人たちが身辺に祈る影像ではない。まして手に握って祈る影像は一体もない。〝えんくさん〟とはなんだ。

一片の木切れであってもマントラの神々が宿る祈りの影像である。大衆の中に生きるのが修験者である。しかし修験者の作仏戒《さぶっかい》に影像は一体もない。

名も無き大衆が祈る影像は死後の幸せではない。あくまでいま生きている人間の幸せを祈る現世利益の祈りの影像である。〝祈りの影像〟初めてでてきた言葉である。

〝祈祷像〟この言葉にわずかな出口が見えた。祈祷像がこんな稚拙で弱々しくていいのか、さらに追い詰める自問自答はつづく。

祈祷像を彫る俺は山岳修験者、聖《ひじり》だ。聖の仏師か、悶々として問いつづけている中で、つづいて出てきた言葉、〝聖仏師〟。一閃ひらめいた言葉だった。

そうか俺は〝聖仏師〟だ。いままでもやもやしていたカオスがすっきりと晴れてきた。


円空の没後に出版された『飛州志《ひしゅうし》』、当時としては権威書。その中の「釈円空之説」の項に、円空について次のように書かれている。「全備成就セシモノヲ未見其面相ノミ在ツテ其餘印相等分明ナラズ」（粗削りで未完成、面相のみあって印相が分からない）。さらに「姓氏或ハ何國ノ産何レノ宗派ト云フコトヲ不知」（生まれの姓氏、どこの国の生まれか、宗教もわからない）という記述がある（『飛州志巻第拾』二九四～二九五頁）。

円空像は彫刻的にも昭和中期まで稚拙として評価されていた。いまでも円空像を無視している官度僧は少なくない。


いつのまにか窟の外は暮色が迫っていた。北海の天気は変わりやすい、空には雨雲が垂れ下がり、奥尻海峡は深いガスに包まれて奥尻島は見えなかった。

細い雨が降りだした。窟の上から澄んだガラスのような雨だれが落ちていた。北海に降る雨はときおり強い風に吹かれて激しく降るが、またしずかな雨に変わる。

暗い窟の中に小さな雨だれの音だけがひびいていた。円空にはもうひとつ秘めたる思いがあった。尼僧アイヌーラの運命に綾なすイクシュンベツがあった。円空はじっと動かないで、いつまでも自分の彫った彫像と対峙していた。

沙門《しゃもん》円空～背面墨蹟に〝沙門円空〟と黒々と書き入れた。

オオタカムイの役割は終わった。己の立ち位置がすっきりすると、新しい自分の方向がハッキリと見えてきた。並んでいる彫像から数体を取り出して、筆をとり背面に墨で黒々と〝沙門円空〟と墨蹟を入れた。それからの円空は自らを〝シャモン円空〟と名乗るようになった。

〝沙門〟とは何者か。タントリズム（密教）は紀元前六～七世紀頃、インドで発祥した土着の信仰であった。それが長い歴史の中で民族を超えた仏教密教となり中国に伝えられていった。さらに長い年月のあと、中国から日本に伝えられた。沙門はこの時代にすでに使われていた。仏教密教の世界では上下の階層と従属関係に厳しい戒律を作っていた。修行僧は各地に旅するにも許可がなければどこにも行けなかった。

修験者の中に、どの階級にも属さず、戒律にも従わず、自由を求めて各地を自由に旅して、自分のやり方で修業する修験者がいた。

当然、正規の組織から弾圧も受けていたが、どんなに押さえつけられても毅然として自分の信念を曲げなかった。いまように言えば〝一匹狼の修験者〟である。それだけに乞食のような貧乏生活であった。ゆえに、今でも沙門を〝乞食〟と訳す者もいる。

この変革の修験者をサンスクリット語で〝シュラマナ〟（沙門）と呼んでいる。

天台宗の開祖、最澄が中国から密教を持ち帰ったのは延暦二四（八〇五）年。真言密教の開祖・空海が中国から密教を持ち帰ったのは八〇六年である。空海も渡唐以前は私度僧であり、自らを沙門と呼ぶこともあった。密教は神仏混淆《しんぶつこんこう》となり、貴族や武家階層の信仰となった。

円空が蝦夷地に渡ったのは一六六六年、江戸初期であり、天台密教、真言密教も官度僧の宗教組織として完成されていた。私度僧であっても官度僧の位格・階層に拘束されていた。

その中では自らを〝沙門円空〟と呼んでいたのは、円空はすでにタントラについて一定の知識を持っていたのであろう。

オオタカムイの役割は終わった。彫像の背面に書かれた「沙門円空」の墨蹟を見つめながら、円空はさらなる、聖なる未知へ心の準備をはじめていた。

円空、また忽然《こつぜん》と消える

アイヌモシリの短い夏が過ぎ、奥尻海峡にシベリア颪《おろし》の冷たい秋風が吹き始めた頃、オオタカムイの窟から、円空の姿が忽然と消えた。なぜ消えたのか、どこに行ったのか、知る者はひとりもいない。

密教の原典『ウパニシャット』に、つぎのような一文がある。

《二羽の鳥が同じ木に止まっていて、一羽は餌をついばんでいる、他の一羽は遠くを見つめている。》

これは人間のうちなる二つの自我について、問いかける密教哲学である。人は生きるために、食べなければならない現実の自我と、自分の人生に清澄な歓びを求める無限の自我、この人間がもつ相対的な自我を説いていた。

〝沙門円空〟がオオタカムイの窟の中で自問していたのは、この人生の命題であった。

山岳修験者に暗黙の戒律がある。それは「残さず」という大前提である。これとは異なるが修験者の作仏戒《さぶつかい》は彫る行為そのものが〝行〟であり、神仏の彫像を完成することはなかったが、鉈一丁で彫る修験者彫りの技はひきつがれていた。

円空も様式的には修験者彫りであったが、生き方としては沙門円空であった。

円空より先に蝦夷地に渡った和人の修験者は何人かいたが、いずれも歴史に書かれることなく消えていった。当時、松前藩の役人たちでも蝦夷地に行けたのは、渡島半島と道南地域が限界であった。

円空の生き方は蝦夷地における和人の修験者の歴史で初めてであった。オオタカムイの窟に籠った半年の間に約五〇体の彫像を彫っているが、しかし、これは滞道の前半であり、オオタカムイの窟を出てから、後半の一年半の記録はどこにも残されていない。

さらに円空像は一体も発見されていない。沙門円空はどこへ消えていったのか？

渡島半島に祀られた円空像～一片の木切れにも運命がある

主のいなくなったオオタカムイの窟は、昔からそうであったように波荒い奥尻海峡の潮風に吹きさらされていた。円空の去った窟の奥に数十体の彫像がひっそりと残されていた。現在までに北海道で発見された円空像は五十数体である。円空が北海道に滞道していた二年間を前半と後半に分けると、この円空像はすべて前半のオオタカムイで彫像されたものである。

発見された円空像は渡島半島と道南に集中している。しかし、これらは円空が現地で造像したのではなく、すでに彫り上った円空彫像を、松前藩が蝦夷地に和人を定着させる政策として各地に建立した寺社にご神体として配ったものである。

円空像にも運命がある。ご神体として配られることもなく、転転として奇なる運命をたどった円空像もある。

ある時、津軽湾で漁師の網にかかって偶然に拾われた円空像は、いくつかの流転の末、いま函館市船見町の称名寺に祀られている。

また、山火事で寺社とともに焼失したと思われていた円空像が後日、山の中で黒焦げになって発見された。黒焦げになった聖観音はいま登別温泉の小高い丘の小さな祠に祀られている。

日本海の海岸には、荒れる波涛に侵蝕されてできた海蝕洞窟が各地にある。昼でも暗い洞窟の中にひびく潮騒は、吹き込む風の音に共鳴して神秘的な空間を醸し出している。

海蝕洞窟は、母の胎内と同義に解釈され、「擬《ぎ》死《し》再生《さいせい》／一度死んでまた生き還る、誕生・再生」の意味を持ち、浜修験（海修験）修業の聖場であった。

北海道豊浦町礼文華《れぶんげ》にある海蝕洞窟、小幌《こぼろ》洞窟の奥の岩棚に一体の円空像が祀られていた。山岳修験者である円空が浜修験で入行したとは考えられない。蝦夷地の浜修験がカムイの海蝕洞窟に持ち運び、祈りを捧げていたのであろう。

オオタカムイの窟で彫られていた円空像はいま、渡島半島と道南のいくつかの寺社に祀られている。うち三体に薄っすらと〝沙門円空〟の墨蹟が残っている。
まさに〝一片の木切れにも運命がある〟。

四　円空、有珠山《うすざん》山麓を黙々と

悲しみの道を行く～有珠山大噴火で荒廃した山麓を黙々と

主のいなくなったオオタカムイの窟に冷たい風が吹き始めていた。山々の景色も紅葉が濃くなり、長い冬を迎えようとしていた。オオタカムイの窟から円空が消えた数日後、噴火湾のほとり、有珠山々麓の道を、破れ笠を被った修験者が黙々と歩いていた。

円空が蝦夷地に渡る三年前（寛文三年）に有珠山が大噴火して、湾岸地帯は破滅的な被害を受けていた。降下噴出物は登別、白老《しらおい》に一メートル余、多くのコタンが、焼失、埋没した。有珠山の大噴火で溶岩が内浦湾に流れ込み、大津波が発生し、百艘の昆布漁船が波に呑み込まれ、推定、七〇〇〜一〇〇〇人が死亡、アイヌコタンは破壊的な被害をうけた。有珠山の小噴火はくりかえされ、噴火の余震はつづいていた。それから、この内浦湾を噴火湾と呼ぶようになった。

その様子はアイヌから聞いていたが、いま目にする光景は想像した以上にひどく、山林は噴火した降灰に埋もれたまま立ち枯れていた。

噴火湾の沿岸にコタン（アイヌの集落）はどこにもなく、目に映る光景は、まだ噴火した当時の惨状を生々しく残していた。

アイヌモシリ（アイヌの大地）は、それぞれに住むコタンごとにまとまっていたが国家的な統治はなく、有珠山噴火で被災した地域は経済的な力もなく、被災した惨状のまま荒廃していた。

オオタカムイの窟に籠っていた円空は、その間にアイヌモシリの情報をしっかり集めていた。円空はコタンコロクル（アイヌ部落に住む人）の人間関係についても、集落の長老、ニシパの権限についても分かっていた。噴火湾沿岸の道も詳しく教えてもらっていた。

いま歩いている道はさみしく人影もなく、噴火湾の潮風だけが吹き寄せていた。

破れ笠を被り破れ法衣の円空は、アイヌの悲しみの道を黙々と歩きつづけていた。

円空、怪しまれ囲まれる～暮れゆく有珠山麓の道で

噴火で不気味な姿に変わった有珠山麓に暮色が迫り、暗くなってきた。

今夜はどの辺に泊まろうか、円空が周囲を見まわしている時、数人の人影があらわれ、こっちに向かってきた。近づくと円空をとりかこんだ。アイヌの若者たちであった。

「おまえは誰だ?」長く伸びた黒い髪の間から、鋭い目が光っている男が訊ねた。

腰にはマキリ（小刀）を提げ、片手に太刀を持っていた。これはアイヌが敵と戦う時の格好である。

「シャモン、エンクウ」と円空が答えると、若者たちは殺気だった。

若者たちは太刀を握りしめ、抜こうと身構えていた。

「シャモン（沙門）」と「シャム」を聞き間違えたのだ。シャムとは和人の呼び名で、当時は侵略者、敵を意味していた。

〝シャモン〟が誤解されている、と知った円空は笈《おい》を下ろして、中から修験者の法具を取り出して見せた。そしてもう一度、

「エンクウ」と静かに言ってから、長い数珠を手に持って呪文を唱え出した。

若者たちは修験者であることが分かると、急に態度が変わった。

初めて見るシャムの修験者である。アイヌのノミカムイ（祈りの神）と同じように、霊験を持った人、と分かると、むしろ畏敬の念をもって頭を下げた。

若者たちは、有珠山の噴火で家族を失った者、家を焼かれた者、噴火湾に沈んでいった身内など、苦しみに耐えて生きている者たちで、気がすさんでいたのだ。


円空が修験者と分かると、若者たちの態度も変わった。

さっきの若者が声をかけてきた。

「もう夜だ、狭いけど、おれのチセに泊まって下さい。」

今夜も野宿と思っていた円空は思わぬ好意に、喜んで受けることにした。

若者たちは、円空を挟んで前と後ろに分かれ、細い道を歩き出した。有珠山噴火で降灰の積もった道は獣道《けものみち》のように細かった。

円空、コタンで祈る

しばらくいくと、小川があり、その近くに小さな灯がポツンと見えた。その先にもいくつかの灯がホタル火のように浮いていた。コタン（集落）の灯りが見えてきた。

先頭を歩いていた若者が立ち止まり、

「円空さん、ここがおれのチセです。入って下さい。」

ほかの若者たちは円空に別れの挨拶を述べてから、暗い道を上って行った。

中に入ると、チセというより小屋だった。大噴火で被災したあと、自分で建てたのだろう。オオタコタンで見ていたチセとはまったく違って、悲しいほど貧しかった。

狭いチセの真ん中に囲炉裏があり、割り木が燃えていた。円空はすすめられたロルソンに座った。炉端の横に着物がかけて誰かが寝ていた。顔だけ円空の方に向けて、ちいさな声で、何か言っていたが、起きることはできなかった。若者は屈強な体格で、顔は髪と髭にかくれていたので、さっきはよく見えなかったが、灯りに照らされた顔をよく見ると、中年の男だった。

「寝ているのは妻です。被災のあと体調をこわして、ときどき高熱が出るので、寝ているのです。」

など、体の様子を話してくれた。

男が話す言葉の訛りは津軽アイヌとは違っていたが大意は分かった。円空はアイヌ語を覚えてきたことに沙門の誇りを感じていた。

円空はチセの中を細かく観察していた。女の寝ている枕元に薬草らしきものはなかった。なくてあたりまえだ。有珠山麓も噴火湾近くの里も、みな荒れていた。

男は食事をつくり始めていた。囲炉裏の上にのせられた鍋は、燃える割り木の炎をうけ、音を立てていた。

「円空さん、上がって下さい。」すすめられた円空は合掌してから食べ始めた。

食事が終ったあと、円空は炉辺に積んであった割り木の中から細い一本の割り木を手に取ると、炉辺の板場で腰から鉈《なた》を取り出して刻み出した。何をするのだろう、じっと見ていた男は、鉈一本で刻む手元の速さにおどろいていた。

一心に彫る円空の顔に囲炉裏の火が赤く映えていた。鉈の刻む音がチセの中にひびいていた。割り木に聖《しょう》観音の顔が浮き上がる。初めて見るシャム彫像に「シャム カムイ」と声を出した。

円空は聖観音を炉端において経文を唱え始めた。煙のこもるチセの中に読経の声がひびきわたっていた。密教修験者の除厄治病の祈りである。読経が終わると円空は聖観音を女の手に握らせ、「これは、フチカムイ（囲炉裏の火の女神）」と、やさしく言った。

〝フチカムイ〟は女のカムイである。聖観音を手にしっかり握って、円空を見詰める女の目は涙に濡れていた。

それを見ていた男は円空の後ろから、〝エンクウカムイ〟と手を合わせていた。

円空、噴火湾を行く

昨夜、円空がチセで行った祈りは、すぐにコタンに知れ渡っていった。アイヌにはコタンとコタンを結ぶ情報交換のネットがあって、新しい情報はすぐに伝わっていった。

コタン噴火湾沿岸にはいくつかのコタンが点在していた。コタンは集落であるが一軒でも二軒でも「コタン」と呼んでいた。有珠山噴火で被災して苦しむアイヌの中に〝エンクウ〟は知れ渡っていった。

アイヌにはアイヌの病気を治すノミカムイ（巫女）がいて治癒の祈りを捧げていた。でも有珠山噴火の災害で充分に機能していなかった。密教修験者の対象は大衆であり、大衆とともに生きるのが修験者である。円空にシャムもアイヌも差別はなかった。

噴火湾の沿道を歩いて沙流川《さるがわ》に向かう円空は、途中のコタンで頼まれると、どこへでも行って除厄治病の祈りを唱えていた。それが密教修験者の遊行《ゆぎょう》であった。

円空が通り過ぎる道は、どこまでも大災害で苦しむアイヌたちがいた。さらに、噴火の火砕流で亡くなった人、降灰とガスで亡くなった人、湾内で漁船と共に海に沈んでいった人たちの霊が至るところで彷徨っていた。霊の解釈は、アイヌのカムイと密教では異なるが、亡くなった家族・身内の抱く、悲しみの涙は同じであった。

破れ笠をかぶって黙々と行く円空の周りには、さまよう霊がつきまとっていた。霊が見える円空は、ときどき立ち止まって、山と海に向かって鎮魂の読経を唱えていた。

円空がオオタカムイの窟から眺めていた日本海に沈む落日の神々しさ、有珠山麓で見たアイヌの苦しみ、コタンで彫った聖観音がシャムカムイと崇められるなど、アイヌモシリで過ごした日々が円空の中で、さらなる聖仏師への思いに止揚《しよう》していった。

円空が沙流川の麓に着いたのは、木枯らしの吹く晩秋であった。

五　円空、沙流川を遡る

破れ笠・破れ法衣の円空がゆく

噴火湾を抜けると視界は果てしなく広がる太平洋に変わった。水平線に昇る太陽は新しい道に向かう円空に賛辞を送っているように明かるかった。

湾岸の道を歩きつづけてきた円空の法衣はボロボロに破れていた。破れ笠の下からは、異様に光る眼がにらんでいた。その姿は乞食どころか恐ろしい魔神に映っていた。水に映る己の顔を見た円空は〝これは護法神だ！〟と苦笑しながらつぶやいた。護法神とは、密教の主神、大日如来を護る神々で、恐ろしい形相をしている。

沙流川の岸辺に立った円空は、じっと上流を見つめていた。目の前は深い森が広がり、その先に、紅葉した夕張山地がかすんでいた。今から行くサルンクル（沙流川周辺に住むアイヌ）がこの先にある。そこは未知なる新しいアイヌモシリである。

円空はなかなか動かなかった。ここからは和人のまったく知らない蝦夷地である。

「サルンクルの神々を知らなければ通れない」とオオタコタンで聞いてきたカムイ（神々）を思い出していた。

アイヌは自然崇拝の信仰の世界に生きている。自然界の中で形あるものはみなカムイであった。アイヌの神々は生活に直結していた。

山の神「ヌプリノシキカムイ」は低山の神を意味し、「キムンカムイ」は森の神、「ペトルンカムイ」は川の神であり、「チェプカムイ」は鮭と言うように、すべてをカムイと呼んでいた。

アイヌは道路を持たなかった。というより道路をつくらなかった。道路をつくるということはキムンカムイを傷つけることと考えていた。自分たちの生活環境を次世代、子孫にゆずり渡していく自然保護の素朴な信仰である。しかし、道がまったくなかったのではない。

「ルペシュペ」（川に沿った道を行き、山を越えて向こうに行く）と呼ばれる目印と目印をつなぐ細い自然道はあった。アイヌだけが知る山越えの道「マクンネ（秘道）」である。マクンネとは〝上の方〟を意味し、海から小道が延びていき、コタンの家々を巡り、山の彼方に折れて森の中に消えていくカムイの道である。この道はシャムにはまったく知られていなかった。

破れ笠を被り直して、円空は未知なる沙流川の上流に向かって歩き始めた。

円空、サルンクルの中へ ～沙流川は遡上する鮭で波だっていた

沙流川を上って行くと、川面は鮭の群れで波だっていた。晩秋は産卵のために遡上する鮭の群れが押し寄せる時期で、川に沿った岸辺では、おおくのアイヌがさかんに、鮭をマレク（先端に鉄の鉤《かぎ》のついた棒）で釣り上げていた。円空は初めて見る光景であった。

サルンクル（沙流地方に住む人たち）は、むこうから近づいてくる、破れ笠・破れ法衣の異様な姿をしたシャムを見て〝何者！〟とにらんでいた。

ひとりの屈強なアイヌが円空のそばにきて、「エンクウ？」と声をかけた。

「円空」と太い声で返すと、その男の態度が和らいで、

「エンクウさん、よく来てくれました。私はコタンコロクル（首長）です。」

コタンコロクルは深々と頭を下げた。そして鮭漁をしている仲間たちに、手を大きく振って、なにか合図を送っていた。

川辺で漁をしていたアイヌたちが手をとめて寄ってきた。鋭い目つきの円空を見ていると、コロクルが何か説明していた。「エンクウカムイ」とだれかが小声でささやいていた。

沙流川地方のアイヌは、各地のアイヌコタンとの情報交換の密度は高く、サルンクルの情報をオ

オタアイヌが教えてくれたように、サルンクルもすでに円空の情報を持っていた。

その頃、ときどき僧衣を来た松前藩の隠密が沙流川一帯を歩いていたので、僧衣だけではアイヌは信頼していなかった。


アイヌの社会構成は一家族を核としてつくられたコタン（村）があり、その集合体として親族集団が形成されていた。この共同体をまとめていたのがコタンコロクル（首長）であった。コロクルは推薦制で、人格的に優れた人で、知力・判断力・指導力、に加えて、屈強な体力を持っていた。

この共同体を拡大して組織されたのが種族間組織であり、この集団を統括していたのがホロニッパ（大首長）であった。「ホロニッパ」は、神のような人、という意味も含まれている。

円空、ホロニッパと会う

アイヌたちは、また沙流川に戻り、鮭を獲り始めた。

「じゃ、行きましょう」コロクルが歩き出した。

この沙流川の流域にはコタンが多く、「ヒラトリ」と呼ばれる大集落もあった。

沙流川に添ってしばらく行くと、コタンの集落が見えてきた。先ほどからコロクルはいろいろと話してくれた。円空は話していることばの半分も分からなかったが、「サルンクルのホロニッパ（大首長）に挨拶に行きましょう」と言っているのは分かった。

二人は川に沿った道をしばらく行くと円空がいままで見たことのない大コタンがあり、集落の中央あたりに一回り大きなチセ（家）があった。そこが沙流川地帯を治めるホロニッパのチセであった。

円空はかなり疲れていたが、ホロニッパに会うとなると、誇りがみなぎってきた。チセの入り口近くで破れた法衣であったが襟をととのえ、髪をかきあげ、沙門円空として毅然と立っていた。チセの入り口から初老のアイヌが現れた、深い髭に覆われた顔は一見怖そうに見えたが、やさしい笑みを浮かべて、

「ホロニッパです。お疲れさまでです。有珠のコタンでは大変お世話になっています。さあ、上がって下さい。」そういってチセの中に戻っていった。

若いアイヌが来て、円空が背負っていた笈《おい》を外してくれた。そして木を横に割った長椅子に座らせてくれた。もうひとりの若者がお湯の入った木の桶をもってきて、円空の泥にまみれた藁沓《わらぐつ》を脱がして足を洗ってくれた。〝だまって受ける〟これも修験者の在り方であった。

さっきからはなれて見ていた子供たちが寄ってきて、円空をじろじろ見ていた。円空は子供たちに顔を向けて、にっこり笑った。身内のように思ったのか小さい女の子がそばにきて、ばさばさに

伸びた髪の毛を手で触った。ちかくでそれを見ていた女、母親だろうか、その仕草を笑いながら見ていた。

若いアイヌが新しい履物を持ってきた。すっかり落ち着いた円空はそれからホロニッパのチセの中に入っていった。部屋に入ると、左側奥に立派な祀り棚があり、大きな熊の毛皮が飾られていた。真ん中に細長い囲炉裏があり、上座の左がわにホロニッパが座っていた。一緒に入ったコロクルが円空をロルソン（囲炉裏の上座）に案内した。

アイヌは儀礼の民であり、客をもてなす儀礼があった。すでに一般のシャムとは区別されていた修験者円空は、沙流のホロニッパから温かく迎え入れられたのである。

炉辺《ろべ》で見るマキリ彫り　～アイヌモシリ二度目の冬がやってきた

円空はサル（沙流）に留錫《るじゃく》（滞在）したいと決めていたので、その旨を願い出ると、ホロニッパは快く受け入れてくれた。さらにコタンの中に、部屋一つであったが円空の小さなチセをつくってくれた。小さなチセに落ち着いた円空は、ここを〝チセの窟〟と呼んでいた。

円空の破れた法衣はアイヌの女が綺麗に洗ったあと縫い直してくれた。新しい下着もつくってくれた。やがて沙流川地方に雪が降り出してきた。

円空にとって二度目の冬がやってきた。

蝦夷地の冬はきびしかったが、円空にとっては恵まれていた。アイヌはチセに籠り、男たちは彫り物に、女たちは縫い物の季節であった。

ウプン（猛吹雪）が戸を揺する音を聞きながら、アイヌの女性たちは囲炉裏のそばでフチカムイに捧げる歌を口ずさみながら、衣服に太い針で紋様を縫い付けていた。その近くで男性は狩猟の道具や、身に付ける器具などに黙々とマキリ（小刀）で紋様を彫り刻んでいた。

円空は炉辺に座ってアイヌが彫るマキリ彫りを見ていた。鉈《なた》彫りにはない細かい彫り方、紋様の入れ方など多様な彫刻技術を目で覚えていた。

身に着けた服の切伏《きりぶせ》紋様とマキリ彫りは、身を飾るという人間の本性もあるが、アイヌ紋様は、はっきりした意味を持っていた。悪霊や悪カムイから身を護る魔除けの護身紋様であり、カムイに祈りをささげる祭祀の象徴紋様であった。

カムイと共生するアイヌの日常生活を間近に見ていた円空には、新鮮な毎日であった。病人が出たチセでは、アイヌシャーマンが歌うがごとく、躍るがごとく呪詛の木遇や呪具を使った祈りの祈祷も見た。チセの中で飼育されているペウレ（仔熊）も見ていた。円空は未知なる異宗教・異文化を貪欲にまで吸収していた。

六　彫刻家の血がさわぐ

眠れない夜

厳寒の夜は、「エンクさん、寒いだろう」と夜だけ呼んでくれるアイヌもいた。その夜はアイヌのチセに泊めてもらった。アイヌは囲炉裏の横に簾《すだれ》を垂らして間仕切り、着物をかけて寝ていた。蝦夷地の冬は長い、ウプンに荒れる夜はチセの中も揺れていた。円空には吹雪の音で眠れない夜もあった。そんな夜は、囲炉裏で燃える火がぼんやり照らし出すチセの中を見つめていた。

薄明かりの中に浮かんでくるのは蝦夷地に来てからの日々であった。

奥尻海峡の断崖にポッカリ口を開けたオオタカムイの窟、そこから眺めた日本海の落日。有珠山噴火と大津波で荒廃した噴火湾の沿岸の荒廃した光景、埋没したコタンの群れ、広い平野を流れる沙流川、川を遡上する鮭の群れ……　印象は夢うつつに入れ替わる。

円空の胸の中でしきりにさわぐものがある。赤く燃える炉端で、アイヌが刻むマキリ彫り、匠の技、サクッ！サクッとマキリで彫る音が耳から離れない。

彫ろう、俺も彫ろう、円空の体に流れる木地師の血がさわぐ。重なるように美濃・深山の窟で彫った観音像、護法神から、雨乞いの祈祷で岩上に祀った龍神観音などがつぎつぎに浮かんでくる。小さい、弱い、未熟、己の作品が見えてくる。沙門円空として彫りつづけていることに迷いはなかったが、未熟な彫像群は胸を刺してくる。

窟の中でも眠れない夜はいくらでもあった。その時はマンダラ図に描かれた神々の姿を思い浮かべていた。いつものように、その夜もマンダラ図の神々を思い浮かべているうちに眠っていた。

雪は降りつづく

小さなチセを、円空は〝チセの窟《いわや》〟と呼んで神聖化していた。場所も環境も周囲の神々も異なるチセの窟で大きく変わった自分が見えてきた。すると沙門の位相がさらに分かってくると、いままで彫りつづけてきた彫像が曼陀羅の神々に遠いことが見えてきた。自分の彫像の技術の未熟さも見えてきた。目で見える彫像の表層と目に見えることのない深層が見えてきた。この変わりようはホロニッペの人格的な深さから伝わって来たことと合掌していた。

チセの入り口で人の気配がする。振り向くと、アイヌの子供たちが中を覗いていた。円空が笑うと、子供たちも笑った。「エンクウカムイ」誰かが叫んだ。子供たちは円空を好きになってきた。

好奇心の強い子供たちは円空のチセを覗きに来たのだ。円空は子供たちのそばに行き、笑顔で話しかけた。

「上っていいよ」と言うと、子供たちは一斉に上がってきた。子供たちはチセの中をじろじろ見て、おもしろがっていた。せまい窟の中は満員になった。小さな女の子が円空の顔をみながら、「エンクウカムイ」と訊ねるように聞いてきた。これがシャムのカムイ？　と思ったのだろう。

円空は笈を開けて、中から三鈷《さんこ》と数珠《じゅず》を出して見せると、初めて見るシャムの法具をかわるがわる手にとって見ていた。

コタンの生活に慣れてくるほど、人間と人間のつながりの中に生きていることが、強く感じられるようになってきた。アイヌとは「人」を意味する言葉であることが実感として分かってきた。外を見ると今日もサルンコタンに雪が降りしきっていた。

円空、鉈《なた》で大木を倒す～夕張山麓、森の中で

サルンクルの中でアイヌと共に過ごす日々は憑りつかれたように変わりながら過ぎていった。彫像の外形から内面へ、表層から深層へ、アイヌのすべてがカムイと結びついた異教の世界、人間と人間がつながるコタンの生活など、未知なるアイヌの世界が理解されてきた。

窟の中で坐禅を組んでひとり思索をつづける在り方に、疑義すら感じていた。思考のための思考は底なしの沼に迷うだけである。思索とは生き方であり、〝生きる〟とは行動することである。行動することで〝悟り〟が拓かれていくのだ。もやもやと割り切れなかった思索の結論は行動にいきついた。薄暗いチセの中で円空が、にっこり笑った。何かがふっ切れたのだ。

その頃、円空が住んでいた沙流地方の沿岸に大きなチャシ（城砦）が築城されていた。冬は伐採の季節でもある。アイヌの若者たちが夕張山麓の森から太い木を切り出していた。修験者は木こりの技術を持っていた。腰にさげた鉈一本で太い木を切り倒せる。円空も美濃の深山でも鉈一本で太木を切り倒していた。

当時、東北海道の日本海沿岸、噴火湾沿岸、太平洋沿岸地帯から内陸部まで各地に「チャシ」がつくられていた。チャシとはアイヌの城塞である。小さい砦のチャシから城のように大きなチャシまで、いまも残っている。

チセの窟を出た円空は、夕張山麓の森の中に入っていった。そして若者たちに加わった。たすき掛けにした法衣の袖から、むきだした腕は筋肉が盛り上がっていた。その腕から振りおろす鉈が、一打、一打、幹に打ち込まれていった。降る雪の中で鉈を振る円空はまだまだ若かった。

太い木が音をたてて切り倒されていった。久し振りの力仕事に、額から、背中から、流れる汗が心地よかった。くる日も、くる日も、円空は若者たちと一緒に森の中で鉈を振り下ろしていた。

重苦しい雰囲気が

サルンクル（沙流の集落）のチセに住みだしてから数か月が過ぎていった。

毎日、若者たちに混ざって大木を伐採しながら、円空はその頃からコタンに重苦しい雰囲気が流れているのを感じていた。何だろう……？

チャシの築城が進むのを遠方から眺めたこともあったが、円空は伐採の労働そのものに集中していて、チャシには無関心であった。

昼にコタンからコタンを歩いている時、夕張山麓の深い森の中からきびしい表情をして足早に出てくるアイヌの若者と出会うことがあった。また森の中に消えて行く若者の姿が増えてきた。夕張山麓の森の中にはアイヌのマクンネ（秘密の道）が網のようにつづいていた。

どのコタンに行っても、コタンの中は女子供たちまでがせわしく動いていた。日ごとに募る重苦しい気配を感じていた円空はチセの前に立つことはあつても、決して中に入ることはなかった。

円空が沙流川にいたのは「シャクシャインの戦い」の半年まえであり、蜂起前夜の緊張がみなぎっていた。各地のチャシ（城塞）も完成していた。コタンでは弓矢・槍・太刀など戦の武器がつくられていた。まさに円空は揺れ動くアイヌモシリの歴史の断層にいたのである。

円空が滞在していた沙流地方はシャクシャインに統率されたコタンコロクルの主要な地方であり、そこに円空がいた時期は一六六八年、まさにシャクシャイン蜂起の前夜であった。

シャクシャインの戦い ～アイヌコタンに戦争前夜の緊張が

松前藩による蝦夷地支配の初期にアイヌ交易のために設けた商場《あきないば》知行制度（アイヌとの交易制度）は、蝦夷地におけるアイヌの移住地に対する関与はなかったが、植民地的収奪は緩むことはなく強まっていった。

アイヌ収奪をいっそう強化するために設けられた場所請負制（政商に下請け）に変更してからは、

アイヌに対する交易は、さらなる不平等や労働力の強制狩出し等、アイヌ支配は一方的な政策として打ち出されていった。

アイヌと和人のこれまでの対等関係から、支配者と被支配者関係に転換する歴史的対立期であった。アイヌにしては一方的に侵略してきたシャムに奴隷のように使われ、アイヌモシリが奪われていくことに我慢できなくなっていた。アイヌの反松前藩、反シャムの抵抗が高まってきた。

寛文九年（一六六九）六月、アイヌのホロニッパ（大首長）、シャクシャインを総大将とするアイヌ軍が蝦夷地にある各地の松前藩の拠点に対して一斉蜂起に立ち上がった。

蜂起はアイヌ軍の優勢で進行していたが、松前軍の鉄砲で犠牲者が増えてゆき劣勢になった。シャクシャインは正面攻撃から多面攻撃に戦略を転換して反撃していった。

アイヌ軍の地形、夜間を利用した攻撃で松前軍は窮地に追い込まれていった。戦況を不利と見た松前藩は、シャクシャインに和議を申しでた。

和議が成立したあと松前藩は酒宴を設けてシャクシャインを招待した。酒宴が始まり、盛りあがった時、隠れていた松前藩の武士たちが現れてシャクシャインを暗殺した。さらに列席していたアイヌの幹部もみな殺された。松前藩の謀略であった。

これが歴史的な〝シャクシャインの戦い〟である。アイヌの組織的抵抗は終わり、蝦夷地は和人による和人化の時代に入っていった。

七　イヨマンテを見た円空

冬の夜に詠うユカラ

チセの窟に滞在してから一年が過ぎようとしていた。円空はカムイを背景に彫るアイヌ彫刻マキリ彫りをしっかり覚えて身につけていた。祭祀に使われるアイヌ紋様のカムイの紋様も儀式の格も覚えていた。

雪が降る頃からチセの中で女たちの冬仕事、布地織りが始まった。布地にはアトゥシ（オヒョウなどから作る布地）、イタラッペ（草を干して糸をつくり、その糸で織った布地）の二種類がある。アトゥシやイタラッペで作った上着（半纏《はんてん》のような着物）に、切伏《きりぶせ》紋様《アップリケ》を縫いつけていく。アイヌ紋様と呼ばれる切伏紋様の種類は多く、どの紋様がどの祀りに使われるのか、紋様には礼服の格があった。紋様のついたアトゥシ、イタラッペはカムイの祀りに着る礼装である。

ユカラはアイヌの叙事詩である。静かな雪の夜は、家族がそろって囲炉裏を囲んで過ごす。家族の前で長老がユカラを詠い出すと、語りを聞きながら家族たちは、炉縁《ろぶち》をレプニ（拍子棒）で叩きながら拍子をとり、語りの合間々々で、「ヘッ！」「ホッ！」とヘッチェ（掛け声）を掛けて物語に没入していく。

ユカラには、アイヌ（人間）ユカラとカムイユカラの二種類がある。アイヌユカラは親のない少年が主人公で、人生の苦難に負けず生きていく姿や、大人になり、親の死んだ理由を知って敵討ちを果たす、など人生物語が多い。

そのほかユカラには、子守唄、労働歌、恋愛、悲哀、祝い唄、チャシ（城塞）の戦い、などがあり、長いのは二日も三日もつづく物語がある。

冬の夜、囲炉裏のまわりで長老が物語る「ユカラ」は、文字を持たなかったアイヌ民族の口承口伝で民族のアイデンティティを確かめ合い、民族の習俗を子供たちに伝えていくアイヌ民族の遺産継承であった。

冬の夜、アイヌと一緒に炉端に座った円空は、ユカラの物語をじっと聞いていた。とくに主人公の孤児《みなしご》が悲しい運命に生きていく姿は、自分と重なって涙を流すこともあった。

イヨマンテの炎と密教のホーマ

アイヌの民俗信仰は生活のすべてがカムイと共存する〝トーテミズム〟である。トーテミズムとは、自分たちの始祖につながる神話、伝説上の象徴である動植物（熊、鹿、しまふくろう、魚など）をトーテムと呼び、神聖視されたトーテムを祀る儀式、習俗が集団的制度化された体系である。

イヨマンテにおけるカムイの解釈は、熊に対する肉体と霊魂は別々に存在している。熊は神の国から人間に送られた食料であり、霊魂を神の国に送り返してから肉を頂く、という解釈である。アイヌ民族が親族集団、地域集団を挙げて盛大に行うイヨマンテの儀式は、正しくは「ヒグマの霊魂を神の国に送り返す儀式」であり、トーテミズム最大の祀りである。

密教儀軌《ぎき》の基本に、〝ホーマ〟と呼ばれる火の祭典がある。祭壇の中央にある火炉に供物が捧げられ、ここで火を燃やす儀式である。〝ホーマ〟の音字は「護摩」と書く。日本の護摩《ごま》の語源である。ホーマの祭典は新月と満月の時に行われる。宗教の原形は信仰であり、世界のどの宗教にも火と結びつけた火の祭典がある。

円空の持つ密教の宗教観の世界は大日如来の姿であり、ここから、仏格の位の神々がいる。釈迦如来、阿弥陀如来、薬師如来。次に聖《しょう》観音、十一面観音菩薩、地蔵菩薩・変化《へんげ》観音など。それらの神々を護る明王《みょうおう》がいる。明王は忿怒《ふんぬ》の形相をした不動明王、夜叉《やしゃ》明王などで、護法神《ごほうじん》とも呼ばれている。この神々は宗教的に〝偶像崇拝の多神教〟である。

密教で、〝矛盾〟は必要な要素である。密教が信仰から宗教に止揚する歴史は多くの矛盾の積み重ねであった。いくつか特徴をあげると、

・低俗な信仰と見られていたが、修験者たちの布教は信仰的に頑強であった。
・理論的に整然と整理されていないが、布教活動は身近に現実的であった。
・呪術と儀式は垢ぬけしなかったが、多くの大衆に支持されていた。

密教には、昔から伝わる土着の迷信や伝説も含めて矛盾を受け入れていく寛容さがあった。異宗教を排除するのではなく、密教にない要素を吸収し、密教の底辺を広げていった。

円空はアイヌと共に生活していく中で、偶像崇拝と信仰的矛盾を聖仏師の認識に組み込んでいきトーテミズムの文化を貪欲に吸収していった。

炎の祭りイヨマンテ～ヒグマの霊を神の国に送り返す祀り

イヨマンテに捧げられる熊は、親熊と一緒に捕らえられてから数年に亘って同じ屋根の下で暮らし、大人の熊に成長した熊が使われる。

一月下旬、トーテミズム最大の祭り〝イヨマンテ〟の朝が明けた。いよいよ小熊から育ててきた熊の霊をカムイに送り返す日がやってきた。チセの中から檻ごと外に出された熊は、本能的な予感がするのだろう、ときどき、太い声で唸りつづけていた。

コタンの広場には石積みでつくられた火壇があった。その上に熊の入った檻が置かれ、檻の前に祭壇がつくられていて、イナウ（木幣・ヤナギの木をマキリで削ってつくる）、と、イクパスイ（細い木でつくった酒捧箆《へら》）を立て、ご馳走と酒・盃のお膳が置かれていた。周囲には立派な紋様の付いたアトゥシを着た部族一同が集まっていた。

やがて、祈り人が祭壇の前に立って、左手に酒の入った盃を持ち、右手に持ったイクパスイの先に酒をつけ、祈りを唱えながらイナウに触れていく。

檻の中にいる熊は、すでに打たれていた麻酔が効いて、オリの中を二度、三度、回った時、足が崩れて寝るように横に倒れた。檻の扉が開けられて、中から熊が引きずり出され、祀りの儀式、肉体から霊を切り離す。その後、皮がはがされ、肉と骨が取り出された。毛皮だけになった熊は祭壇に飾られた。

祀りは歌と踊りに移っていった。踊りはコタンごとに分かれて始まる。女たちが、お椀の蓋を手に持って輪になって踊る「ウポポ」が始まった。胡桃笛、草笛、ムックリ（口琵琶）、でアイヌのリズムが流れる。男たちが力強くカチョ（太鼓）を打ち鳴らす。やがて輪は一つになり、部族全員で踊る〝イヨマンテリムセ〟（熊の霊を送る踊り）に盛り上がる。踊りは日没から夜までつづく。

火壇に積まれていた薪と熊のいなくなった檻の中に積まれていた薪に火がつけられた。燃えていく、燃えていく、熊の檻が燃えていく！　星だけが煌めく新月の夜空に、燃え上がる炎の中に、熊の霊が神の国に帰っていく！

朝からイヨマンテのすべてを眺めていた円空は、火壇で燃え上がる炎に密教の護摩の炎が重なっていた。夜空を焦がす炎に円空の顔は赤く映えていた。

更けていくコタンの家々から、囲炉裏をかこんで詠う長老のユカラが、いつまでも冬の夜空にひびきわたっていた。

円空、あらたな遊行へ　～尼僧アイのまぼろし、イクシュンベツへ

一夜明けたイヨマンテの広場には余韻はまだ残っていた。黒い灰が残る火壇に粉雪が舞っていた。円空は、サルンクルを去る日をイヨマンテのあとにと決めて、サルンコロクル（首長）に話していた。すでにチセの窟の中は綺麗に片づけられていた。次に行く遊行の準備もでき上がっていた。

円空が蝦夷地に来たのは宗教的には蝦夷地島渡りの遊行であるが、目的はアイヌ彫刻の習得にあった。その動機を早めたのは尼僧アイヌーラの母の謎、イクシュンベツを訪ねて行くことと重

なっていた。

サルンクルに一年間滞在して、アイヌの異文化とくに彫刻の精神的習得は終わった。そこでアイヌ最大の祀り〝イヨマンテ〟を見ることができた。いよいよ、最後の目的地イクシュンベツに向かう厳寒の冬がやってきた。


夕張山の夏は木が繁っていて見通しが悪く、それに虻《あぶ》や藪蚊《やぶか》など虫が多い。また熊がいるので危険である。円空が待っていたのは厳寒の冬。夕張山の雪が凍る厳寒は最も歩きやすい時期であった。いま、その季節がやってきた。

地図上に夕張山を概括した中心部に任意の円をえがくと、石狩、幾春別、沙流川、日高、十勝地方が扇状を重ねた地形になる。この地域のコタンは個々に孤立しているのではなく、アイヌの生活圏、経済圏、文化圏として社会を構成していた。ゆえに昔から情報交換を行っていたので、扇状の交差する幾春別一帯はマクンネ（秘道）の交錯する情報の十字路であった。

イクシュンベツまでの道順は、サルンコロクル（首長）が絵図面を作ってくれた。道順はすべてマクンネであった。

「円空さん、マクンネで目印を見失うと、もう出られなくなるので、若者二人を道案内につけます。イクシュンベツまでおくりますから、安心して下さい。」

円空は何よりも嬉しかった。いよいよアイヌモシリ、未知なる遊行が始まった。

八　円空、イクシュンベツへ

円空、沙流川を去る ～サルンコロクルは涙を流して別れを惜しんだ

とうとう沙流川を去る日がやって来た。円空の破れた法衣はアイヌの女性たちが綺麗に縫い直してくれて、きちんとたたんで置いてあった。円空の破れ笠も新しいスゲで編み直してあった。靴も獣皮の内側に毛皮が張られた暖かい雪靴をつくってくれていた。二年前、渡島《おしま》半島を雪に吹かれて、芋虫のような恰好で歩いてきた時とはまったく違っていた。

数日まえから円空はコタンの村々をまわり、加持祈祷を行いながら別れの挨拶を告げていた。コタンではどのチセにいっても別れを惜しみ、家族みんなが出てきて、円空に「ヌプリノシキカムイ（山の神）」、「キムンカムイ（森の神）」、「ペトルンカムイ（川の神）」の加護があるように、と祈りを捧げてくれた。

「エンクウカムイ！」子供たちはすっかり仲良くなり、こう呼んでいた。

「円空さん、お世話になったなぁ、おかげで足の痛みが治ったよ。」

老人は涙を浮かべて円空の手を握っていた。

いつか去る日が来ると思っていたその日の朝がやって来た。身支度を済ませた円空は、一年間住んでいたチセに経文の祈りを捧げていた。チセの窟と呼んでいたここで、瞑想をつづけていたこと、異宗教であるトーテミズムとカムイの存在をしっかり覚えたことは、聖仏師を目指す円空の貴重な精神的財産となった。

チセの窟で彫像は一体も彫らなかったが、聖仏師としての宗教的悟りを深める中で彫刻家としての精神的彫刻は彫りつづけていた。

コタンを去る朝、最初にニシパ（集落の長老）に別れの挨拶に行った。

「円空さん、もう再び会えることはないでしょう。和人の修験者に会えたことは幸せでした。異教である密教は我々に強い影響を与えてくれた。

円空さんよくぞ蝦夷地の奥、サルンクルまで来てくれました。アイヌは円空さんを忘れることはないでしょう。これは感謝の贈り物です。」と立派なマキリを差し出した。

「では、気を付けて夕張山を越えて行ってください。」

「私こそ、未知なる蝦夷地で、暖かく迎えてくれたことは一生忘れません。」

円空は合掌して、ニシパと別れた。そして若者二人と一緒にコタンを去った。今朝まで吹雪いていた雪は止み、沙流川の空に風花が舞っていた。

円空、夕張山をゆく～壮大なアイヌモシリの遊行

夕張岳の山容は見る者に畏怖を覚えさせるほど魔性のある聖山の厳粛さを持っている。夕張山は円空にとって「回国、加持祈祷、一山禅頂、帰山」であった。

しかし、カムイモシリである頂上に登ることはなかった。

アイヌの聖山信仰は、高山にたなびく雲の上がカムイモシリ（神の国）、下がアイヌモシリ（アイヌの国）の境界であった。雲の上に聳える高き山々、峰々はイウオロ（山の神）の住む場所、聖地であった。従って、夕張岳山頂は人間の足で穢してはならない聖峰であり、下から仰ぎ見て敬う聖山であった。これは中世（七世紀初期）まで日本人が持っていた聖山信仰と同質の信仰であった。

修験者の価値観は〝未知なる道は聖なる未知、既知なる道は俗となる〟である。

イクシュンベツまで、短距離でより安全な山越えの道はあったが、円空は山岳修験者であり、信仰的孤高の思想を持った円空は安易な生活道を選ばず、常人の登ることのできない山越えを自ら求めて入山したのである。

アイヌの若者は前と後で円空を挟むようにしてマクンネ（秘道）を登って行った。

「円空さん大丈夫ですか」若者は時々声を掛けてくれた。

山道を上がり下りして、森の深い崖に行った時、若者が立ち止まった。

「円空さん、あそこに洞窟があるのが見えますか？　あの中に熊が冬眠しています。今年も仔熊はいるでしょう。」指さす先に雪の被った黒い穴が見えた。


歩くほどマクンネは原生林の森の中であった。広大な夕張山地、日高山脈はアイヌの狩猟、採集など生活の場であり、落葉に隠れた細い道や獣道はアイヌにとって親族や部族だけが知る秘道であった。落葉して見通しのきく森林の中でもアイヌの先達がなければ通ることはできなかった。

厳冬の夕張山縦走は数日かけてつづいた。サルンクルの先達があったとはいえ、厳冬の夕張山縦走は円空にも苦しく辛い道程であり、生涯忘れることのできない道程であった。

吹雪にふかれ、雪崩れをかぶりながら蝦夷地の屋根と呼ばれる夕張山を歩きつづけたあと、原生林が拓かれて、遠くに幾春別岳が見えてきた。

イクシュンベツ ～語り継がれなかったアイヌ文化とアイヌの歴史

アイヌの三大分類地、クリルアイヌ（千島列島）、サハリンアイヌ（樺太）、北海道アイヌ、の地名に「シュンベツ（又はナイ）」「クシュンベツ」の地名は多いが、「イクシュンベツ」は（筆者の調べた範囲では）幾春別岳を中心にした一帯だけである。

イクシュンベツとは何を意味するアイヌ語なのか、『北海道蝦夷語地名解』には、「アイヌ語のイ・クシ・ウン・ペットであり、《彼方の川》の意。この清流に鮭などが群をなして遡っていたので、漁撈のアイヌは《鮭が向こうにある川》と呼び、狩猟のアイヌは《熊、向こうに越える沢》と呼んだのではないだろうか。いずれにしてもイクシュンペットは、幾春別岳を囲繞する広範な地域で、吾々の言っている猫額大の幾春別ではなかったのである。」と記してある。

幾春別岳から夕張山にかける広大な地域は原生林の茂る山麓地帯であり、野生の動植物には最適の繁殖環境があった。アイヌにとっても主要な狩猟と採集の生産地であった。

幾春別はアイヌの別の地名で「イチキシリ＝熊の足跡の多いところ」とも呼ばれていた。のちに和人が「市来知」と当て字をつけて地名に使っていた。

アイヌのマクンネ（秘道）によって晩秋までに調べられた熊の足跡は、冬眠の穴ぐらを確認する唯一のものであった。

「幾春別岳を囲繞する広範な地域」には、古代よりアイヌコタンが存在していたことを示す「矢じり」や多様な生活器具の出土品、チャシコツ（城塞跡）など、多彩なアイヌコタンの歴史資料が幾春別にある「三笠市立博物館」に展示されている。

以上述べてきたように、幾春別一帯は〝古代から未踏のへき地〟ではなく、独自の文化を持つアイヌモシリの生活圏であった。

蝦夷地の和人化政策の中で、アイヌ文化が語り継がれることはなく、アイヌの歴史が置き去りにされたのである。

円空、ホロニッパを訪ねる ～イクシュンベツで異国的な情緒を感じる

その日は朝から晴れて見通しがきいていた。だんだん近づいてくる幾春別岳を眺めながら、黙々と歩きつづけていた。マクンネがまた森の中に入る時、円空は立ち止まって、幾春別岳をしばらく眺めていた。

〝とうとう夢にまで見たイクシュンベツにやってきた〟幾春別岳に尼僧アイヌーラの顔がよぎった。円空は込み上げてくる感情をおさえてまた歩き出した。

それから数時間後、円空たちはイクシュンベツに下りてきた。ゆるい山麓の中を歩きながら、若者が、

「円空さん、ここには、燃える石があるんです。私も見たけど、黒い石なのに真っ赤に燃えて、とても暖かいんです。」

若者に案内されて、円空は大きなコタンにやって来た。イクシュンベツ・アイヌは遠来の客、修験者円空を歓迎してくれた。挨拶をしながら、円空の胸に〝長い夕張山の遊行が終った〟という実感が強く迫っていた。

イクシュンベツ・アイヌを見ながら、円空は、いままで見てきたアイヌとは異なった様子を感じていた。

ホロニッパ（大首長）のチセに入ると、数人のコロクル（首長）たちもいた。若者が儀礼の挨拶を行ってから、きちんとした法衣の円空を紹介した。沙流川の時は乞食のようにボロボロの破れ法衣で、そのうえシャムということで敵意さえ持たれていた。が、いまは親しみを持って迎えられている。

だが、円空の鋭い眼光は変わらなかった。挨拶を交わしながら、チセの中を観察していた。着ているものや、装身具、周囲に置かれた生活用品まで初めて見る物もあり、円空は蝦夷地の異国的な情緒にふれる思いであった。

ホロニッパが着ていた上衣に立派な龍紋様の刺繍が付いていた。ホロニッパとは「神のような」の意味であり、人を惹きつけるカリスマがただよっていた。

その夜は、囲炉裏を囲んで、初めて見る「シャムの修験者」の歓待がつづいた。コタンの女子供まで覗きに来ていた。コロクルが〝客人をもてなすユカラ〟を詠いだした。円空はアイヌたちの和やかな賑わいに、自分の悲しかった子供の頃をふりかえっていた。こうして長い冬の夜が過ぎていった。円空はじめてのイクシュンベツの夜であった。

九　漂着《ひょうちゃく》の異邦人

石狩ウンクル

北海道西岸の奥尻海峡はよく知られた急流の難所である。しかし積丹岬を過ぎると緩やかな海流となって石狩湾の沖にでる。

イクシュンベツから下る幾春別川は、石狩平野を貫流する石狩川と合流して石狩湾にそそいでいる。幾春別川は以前から幾春別コロクルと石狩ウンクル（石狩川流域に住むアイヌ）が丸木舟で交流する主要な交通路であった。

石狩ウンクルはシャムに支配される以前から、すでにロシア船と交易を行っていた。

交易の方法は、チューネル・M・タクサミ（ロシア国立ペテルブルグ人類学民族学博物館の元館長）の調査では、

「アイヌは警戒心が強いので、交易船はひとまず砂浜に商品を陸揚げしてから船に戻った。その後にアイヌがやってきて自分たちの商品（とくに鮭などの海産物）を置いて交換した等、多様な交易方法があった」と記している。

交易船はロシア船だけではなく、対岸の諸国の交易船も来ていた。アイヌのホロニッパ（大首長）やコロクル（首長）たちが着ていた龍文刺繍の上衣は、中国の上層階級の地位を表す龍文意匠である。この龍文意匠は、のちに和人から〝蝦夷陣羽織〟と呼ばれている。

アイヌの服飾や防寒具の意匠に中国・中央アジア・極東シベリア小民族の意匠との類似性が見られるのは、アイヌ文化が歴史経緯の過程で異文化と混成されながら創生発展してきたからである。

シルクロードは、中央アジアから天山山脈で分岐して大興安嶺を越えて渤海に入り、そこから日本に渡るコース（渤海コース）があり、蝦夷地西海岸への最短距離でもあった。環日本海の長い歴史には遭難した漁船や交易船が漂流して流れ着いた蝦夷地に定着した漂着の異邦人もいた。また交易船の若者が豊かな石狩平野に魅せられて母国に帰ることなく、アイヌに同化していった異邦人もいたのである。

シルクロードの東限は奈良・正倉院ではなく、もっと広範囲な日本列島の各地にあり、北限は蝦

夷地、さらに絞るなら石狩平野であった。

漂着の異邦人～囲炉裏の炎に映る二つの錦裂、胡錦の袋

幾春別コタンの冬の夜は、沙流コタンと同じように囲炉裏を囲んで長い夜を過ごしていた。円空は法衣の裏に縫い付けてあった糸をほどいて、小さな小袋を取り出して、ホロニッパ（大首長）に見せた。そのあと小袋はアイヌの古老たちに回されたが、錦裂《きんれつ》の意味を知る者はいなかった。ある古老が、

「もしかしたら、石狩のあの男に聞けば知っているかもしれない。」

それを聞いたホロニッパが、

「円空さん、石狩ウンクルに、日本海で遭難して石狩に住みついた胡の商人がいる。その男を呼びましょう。今日呼びに行けば、明日、来てくれるでしょう。」ホロニッパは、そばにいたコタンコロクルに何か話していた。

次の日の午後、石狩アイヌが三人やって来た。石狩アイヌが丁重な挨拶のあと、円空にひとりのアイヌを紹介した。

その男は初老の異邦人であったが顔立ちは精悍な若者の生気が感じられた。彼はアイヌ語を自由

に話せた。円空には若いアイヌの通訳がついていた。

円空は再び、分厚い錦裂で作られた小袋を取り出して、その異邦人に見せた。

異邦人は手にとってしばらく見つめてから、自分の上衣の奥に手をやって、紐《ひも》のついた小袋を取り出した。

「これは私の小袋です。布地は中央アジアで織られた錦です。」

そう言ったあと、錦裂の小袋を両手の上に並べて囲炉裏の灯りに照らした。二つ並んだ小袋の金糸が炎に映えてキラキラと光っていた。小袋の紋様も厚みも異なっていたが、錦裂に遠い異国の気がただよい、人知れぬ歴史の影が揺れていた。

「私は中央アジアから渤海までの交易商をしていた胡の商人につながる末裔です。主に中央アジアから運ばれてくる品物を小さな船に積んで湾岸を巡る交易商でした。

約三〇年前です。父の船に乗って仕事を手伝っていましたが、或る日、猛烈なシケで船は壊され、長いあいだ漂流したあと、見知らぬ国の浜辺にたどり着いたのです。そこが蝦夷地、石狩の浜辺でした。」

別離のシルクロード～錦裂、なぜ和人の修験者が持っているのか？

「難破した小船では帰るすべもなく、そのままアイヌの中に入って交易の手伝いをしていましたが、父は亡くなり、一緒に乗っていた船員たちも亡くなり、生き残っているのは私ひとりです。いまはアイヌの娘と結婚して二人の子供たちと一緒に暮らしています。」異邦人は遠く過ぎ去った日々をまさぐるように思い出していた。

中央アジアの歴史は草原の遊牧民からオアシス定住民まで、侵略と攻防のくり返しであった。草原に押し寄せる侵略の波濤に消えていった民族は、少数民族からソグドのような大民族まで、数え切れないほどあった。

華やかに伝えられているシルクロードの歴史の裏は、敗走する民族・部族の別離の道であった。都を落ちていく敗北の部族一族は、いちばん大事にしていた錦織の布を切り裂いて各々が一片ずつ持って別れて行った。

錦裂《きんれつ》（切り裂かれた錦織）をさらに細かく切って、（乳呑児の）着物に縫い付ける母親もいた。一族がいつの日か再会を果たした錦裂を再び組み合わせて、元の絵柄を見る日を誓って別離していったのもシルクロードであった。

別離の悲しみと苦しみを知った若者たちは、この錦裂に奪われた祖国を取り戻し再興を誓って別れて行った。

切り裂かれた錦裂は、ヨーロッパ・中国などに運命の綾を織りなしながら遠い異国に散っていった。錦裂はヨーロッパの錦裂、ソグドの胡錦裂、ブハラ・サマルカンドの錦裂など、時代区分は千数百年のスパーン（巾）に分かれるが、どの錦裂であれ、現代まで遺されているのは奇跡に近い。一片の錦裂にも砂漠に消えた民族の運命が秘められている。

異邦人が語りだした。

「この錦裂は、かなり身分の高い人が着ていた錦です。紋様は、胡（ペルシャ）の紋様です。」

その錦裂がなぜ日本にあるのか、なぜシャム（和人）の修験者が持っているのか、といかぶる目つきで円空を見つめていた。

灼熱の太陽と命の月光～アイヌーラとは、何を意味するのか？

円空は小袋の中から小さな宝石を取り出して訊ねると、異邦人は手に取って、

「これはトルコ石という宝石です。中央アジアの隣国、ウクライナでよく採れる宝石です。ロシア正教のイコンに嵌め込まれている多彩な宝石の一つです。中央アジアの女性たちの腕飾りや首飾りに使われている宝石です。で、なぜ修験者のあなたがこのトルコ石を持っているのですか？」

円空は黙ってトルコ石を見つめていた。異邦人は急に無口になり、何かの記憶が蘇ったのか、こみ上げてくる感情をおさえているようであった。

「アイヌーラって何のことでしょうか？」円空はさらに訊ねた。

「アイヌーラとは、キルギス語で〝月光〟を意味します。女性の名前です。この言葉には祈りと感謝の意味もあります。」そう言って、異邦人がまた話し出した。

「砂漠に生きる人間にとって月は特別の意味を持っています。子供の頃、父は朝、太陽が昇ると悪魔の恐ろしさを感じる、と話していたことがありました。

じりじりと照りつける太陽は砂漠を熱砂に替え、オアシスまで枯渇させていきます。砂丘を越えて行くキャラバンが、灼熱の砂漠に消えて帰らないこともあるのです。

太陽が沈み夜になると気温も穏やかになり、月光は砂漠の生活に潤いを与えてくれます。ですから夜空にかがやく月光は生命の象徴でもあるのです。満月が砂漠に昇る夜は、皆、タオ（饅頭形のテント住宅）から外に出て月光に祈りを捧げます。

私たちは月光に聖なる信仰心を持っています。処女が月光で懐妊して生まれた男子が成人すると、聖人が君主となって国を治めます。」

円空に答えるというよりは、囲炉裏の周囲に居並ぶアイヌたちに自分の故郷を初めて聞かせているようであった。

「キルギスタンでは族長に長女が生まれるとアイヌーラと名付けます。世襲を表わす名前で、庶民には使えません。なぜ、あなたがこの名前を知っているのですか？」

異邦人は語気を強めてまた同じことを尋ねた。

だが円空は何も答えなかった。胸の中では過ぎし日の夜更け、尼僧アイヌーラが弾いてくれた三弦の響きが高鳴っていた。円空は黙って立ち上がり外へ出た。

一〇　石狩平野の満月

石狩平野の満月～読経の声が地鳴りのように響いていた

円空は気持ちを静めようと外に出たが、胸さわぎは逆に高まっていた。異邦人の話は円空に想像もつかない遠い異国の話であった。しかし、尼僧アイが「私は誰なの?」と自問していた運命の空白は、おぼろげに見えてきた。

尼僧アイヌーラにはキルギス人の血が流れていたのだ。尼僧アイの母を思う心の深層に、〝別離のシルクロード〟があったのだ。

凍てついた夜空に星屑が煌き、オリオン星座が石狩平野の雪原を引きずりながら落ちかかっていた。中天は冬の星座にかわって満月が照り、雪に眠る幾春別を青白く浮かび上がらせていた。〝イクシュンベツ〟、尼僧アイが呪文のように覚えていたその地に、いま円空は立っている。

人は誰しも、血につながる人生、生まれた土地につながる故郷がある。この変えることのできない運命を〝絶対運命〟と呼ぶ。幸せな絶対運命であればいいが、不幸な絶対運命に生れた人間もいる。

死と生の縦糸と横糸が織りなす人生は、昨日そうであったように、明日も偶然と必然の未知である。

暗い絶対運命からのがれて精神的に解脱するために山に入り、山に伏して揺れる煩悩と無限の苦悩から救われようと修験を積むのが山岳修験者である。

ゆえに山岳修験者の祈りは、現世の絶対運命に苦しむ者への祈りとともに、己れの運命のカタルシス（自己浄化）への時間的冥界である。円空の祈りには、魂の運命に耐えて生きる人々への愛《いと》しみが敷きつめられている。

厳冬、澄みきったイクシュンベツの空に照る満月、凍てついた雪の上に漂然と立つ円空から太く低く読経の声が地鳴りのようにひびいていた。オリオン星座が没した日本海、その先に広大な大陸がある。さらに天山山脈の彼方に、アイヌーラの血につながる故郷キルギスタンがある。

その頃、遥かなる星座の果て、中央アジアの草原をかけぬける風が吹いていた。

尼僧アイヌーラ、深夜の三弦 ～雪深い山里で孤独と運命に耐えていた

その頃、美濃の山里は深い雪に埋もれていた。小さな尼庵で尼僧アイヌーラはじっと春を待っていた。淡々と過ぎていく空虚な時の流れ、あれから二度目の冬が来た。

……円空さん元気でいるだろうか、いま　蝦夷地のどこにいるだろうか、〝イクシュンベツ〟分かっただろうか……

自分につながるものと言えば、母が残していった小さな小袋と小さな宝石と小さな紙に書かれたイクシュンベツの文字だけ、その大事な形見は円空に渡しているので、いまは何もない。母の思い出は記憶にもない。自分を育ててくれた庵主の思い出だけが母である。

このひろい世の中に自分につながる人間は三人だけ。深夜に募る思いはいつも同じ孤独であった。いけない、と過去に振り返る弱い自分を振り切った。

自分には尼僧と慕ってくれる山里の人たちがいる、この山里で僧侶として生きていくことが運命なのだ。山里に生きる人たちと生きていこう。あの子供たちと新しい運命を拓いて行こう、またいつものように自分に言い聞かせていた。

……ある夜、裏木戸を開けて黒い影が入ってきた。台所の板間に投げるように風呂敷包を置いた。

〝円空さんが帰ってきた〟待ちに待った円空だ！　障子を開けて入って来たのは円空だった。

「円空さん！」

声をかけた時、目が覚めた。それは夢だった。夜ごと思いつめていた円空の夢だった。

悲しかった。たまらなく悲しかった。涙も拭かず尼僧アイヌーラは三弦を取り出してきて、弦を合わせてからいつもの曲を弾きだした。

外はしんしんと雪が降っていた。真夜中の尼庵からひびく三弦の音は、暗い雪空に消えていった。

円空、アイヌモシリを去る ～ 蝦夷地よ、さらば

アイヌモシリで過ごした二年は円空にとって壮大な遊行《ゆぎょう》であった。蝦夷地で過ごした日々が一つになって蘇ってきた。

日本海の吹雪に吹かれて歩いた渡島《おしま》半島の旅、オオタカムイで過ごした半年、有珠山の噴火で荒廃した噴火湾の村々、沙流《さる》川を遡り、サルンコロクルとの出会いは円空の運命を変えた。沙流コタンのアイヌと共に過ごした蝦夷地の四季は、円空にとって人生の生き方を変えた季節であった。

サルンクルの日常生活で体験した〝マキリ彫り〟の多彩なアイヌ紋様の構成などは、円空の宗教観を豊かにしてくれた。アイヌの生活につながる祈りの神々、トーテミズムは円空の密教観に吸収

され、円空の密教哲学の次元を変えていった。
サルンクルの子供たちから「エンクウカムイ」と親しまれ、共に過ごした楽しかった日々。イクシュンベツ・ホロニッパとの出会い、さらに胡の異邦人から聞いた。天山山脈の彼方にある胡の国、草原の広さとオアシスの町、シルクロードの町サマルカンドで交易される絹織物から錦の織物まで、すべては未知なる異教・異文化であった。そして最後に聞いた別離のシルクロード。

円空にとって未知なる国、アイヌモシリの遊行は終わった。円空が蝦夷地を去る日が来た。一緒に来てくれたサルンクルの若者が、円空の帰途についてイクシュンベツコロクルに頼んでくれた。運よくそこに石狩の異邦人が来てくれたので、そこからは異邦人と一緒に小船で幾春別川を下り、石狩の港まで案内してくれるという。

石狩の港からは、石狩アイヌの漁船に乗せてもらえば容易に津軽湾を渡って津軽の港に行ける。

円空がアイヌモシリを去る日の朝が来た。船着き場には沙流の若者も見送りに来てくれた。円空はサルンクルの若者とイクシュンベツアイヌに深々と頭を下げて礼を述べた。

漁船はしずかに幾春別川を下って行った。

第六章　円空　秋田平野（横手盆地）を行く

一　鷹巣《たかのす》と円空

円空、津軽に戻る

冬の津軽海峡は寂寥として吹雪だけが横なぐりに吹き抜けていく。濃紺の海に突き出た下北半島の北側に立つと、身に迫ってくるのは心霊の世界である。

果てしなく広がる太平洋から白い飛沫をあげながら波濤が間断なく打ち寄せてくる。陸奥湾を懐に抱く西岸は日本海から流れ込む強風が吹きつけてくる。〝風の廊下〟と呼ばれている烈風が海岸の岩壁に荒波をたたきつけてくる。

この一帯の海岸には、潮流の関係か、海神のなせる業か、津軽海峡で遭難した死体が漂着することから、だれ言うとなく「仏ケ浦」と呼ばれている。

仏ケ浦に屹立する凝灰石の岩壁は、この荒波に削り取られて異様な形相でそそり立っている。その形が仏に似ていることから、地蔵岩、如来の首、五百羅漢と名付けられた奇岩群が並んでいる。

この下北半島、陸奥湾、竜飛岬《たっぴみさき》一帯は一六〇〇年代には、すでに対岸の北海道アイヌ、南部アイヌと経済・文化などさかんに交流していた。

湾内は漁船が自由に移動できるので蝦夷地に渡るのも津軽に戻るのも容易であった。

石狩湾を出た円空は寛文八年（一六六八）初春、本土にもどってきた。内地に戻った円空は待ちきれないように下北半島の諸寺に留錫《るじゃく》（寺に泊まる）して、等身大の立像を彫り上げた。恐山圓通寺・十一面観音像、佐井村福寺・十一面観音像、むつ市大湊常楽寺・如来像などである。

弘前の山中にはよく知ったアイヌたちがいたので、円空は津軽アイヌのコタンにしばらく滞在してアイヌモシリ二年間の話を聞かせていた。アイヌの人々は蝦夷地の話を聞きながら、修験者として成長した円空の変わりように見入っていた。

円空はコタンに滞在して、次の遊行《ゆぎょう》の地、秋田の状況をアイヌから細かく聞きながら、長くつづく秋田の飢饉の惨状への思いを強く抱いていた。

円空の遠大な遊行の前半が終わり、帰途の遊行が始まっていた。次に行く先は秋田県最大の山岳信仰の聖山、男鹿半島の赤神神社・五社堂であった。

綴子《つづれこ》太鼓の里

雪国の春は残雪の中から花が咲く。落葉樹林に萌える可憐な新緑は、下から見上げると緑の吹雪のようである。風はまだ冷たいが山の春は色から蘇えってくる。蝦夷地を見慣れていた円空には新鮮な光景であった。

津軽アイヌに別れをつげた円空は、弘前から街道を通らず、山筋が通る深い森の中の山道を歩いていた。森を抜けると暗い道が拓けて、高台の村落が見えてきた。尾根越しに鷹巣村を一望できる場所に出た円空は、ここで立ち止まり、

「ここがアキタ・タカノスか」とつぶやきながら、じっくりと眺めていた。

日本各地に鷹巣《たかのす》の地名は多い。たいていは山々の連なる深山にある。鷹巣村の昔話に、「修験者が深山を歩いていて方向を見失い、道に迷っている時、一羽の鷹が頭上に現れて道先案内をしてくれた」と言う伝説も共通している。白山修験者の伝記に、白山々麓にある鷹巣村が語源と記されている。そのような伝説は知らなくても、鷹巣という言葉の印象から深山を連想する。

秋田県鷹巣村（現、北秋田市）は鷹巣盆地の中央に位置する高台平野である。村名の由は、「八幡神社の森に白鷹が生まれた。長じて白鷹は親鷹を殺した荒鷲を捕まえて森に戻ってきた」（概略）と『鷹巣町史』に書かれている。

筆者が聞いた古老の口承では、鷹巣盆地を縦断して流れる米代川《よねしろがわ》の高州地帯であった頃から「たかす（高州）」と呼ばれていたという。

円空が青森県弘前から山越えで鷹巣村に下りてきた頃の状況について、さらに町史の一部を抜粋すると、

「鷹巣村の前身である『孤台村』は、こちらの台地に数戸、あちらの平地に二、三戸という散居形式である。米代川沿いの一帯は、アシ、マコモ等の水生植物、湿原は潅木類に覆われた荒地であった。この土地が肥沃な水田地帯に変わったのは、この地方の直接支配者であった大館佐竹候の新田開発策と、これに呼応する草分け百姓たちの成果であった。本格的な新田開発は慶安元年（一六四八）～享保二〇年（一七三五）。」と記載されている。

円空が訪れたのは、まさに新田開発の最中であった、と言えよう。

円空、寺っこ（小堂）に籠る～鷹巣　綴子《つづれこ》の阿弥陀如来坐像

奥羽山脈一帯の山中に山人たちの秘道は、かなり細かくつくられていた。それは、この一体がアイヌとマタギの共有の狩猟地であったからである。山中で見知らぬ狩人に出会うと挨拶に交わされたのはマタギ言葉と言われているが、マタギ言葉のほとんどはアイヌ語であった。

円空が弘前から山越えの道をたどり、最初に見た鷹巣の光景は、新田開拓と田植前の代掻《しろか》きにいそしむ村人たちの季節を追う農作業であった。

森林を切り開いた新田風景は、荒れた畦道の水田風景であり、新田開発は過酷な開墾作業である。伐採して根株を掘り起こしたあとの山土は固く、掘っても、掘っても石ばかり、石を背籠《せかご》に背負って遠く離れたところに運ぶのは女の仕事であった。女たちの手に潰れた指が多いのは、つまずいて手をついた時、指の上に背籠から落ちた石につぶされたのである。

鷹巣の水田は台地なので、すぐ横に米代川が流れているのに農業用水につかうのは至難であった。さらに寒冷地なので田植えの頃に雪が降ることもあった。やっと植え終った水田に、今度は日照りがつづく、涸れていく水田に耐えきれず、農民たちは村を挙げて太鼓をたたいて練り歩いた。この行事は鷹巣農民の〝雨乞いの祈り〟であった。綴子《つづれこ》大太鼓のルーツは、この「雨乞い」につながる。

鷹巣町糠沢《ぬかざわ》の台地にある宝珠庵に「寺っこ」と呼ばれる小堂がある。円空はここにしばらく留錫した。小堂は深山の山中に点在する山小屋と同じで、里人が山仕事の時は仮の宿に、吹雪の日は避難場所であった。小堂は村里の葬祭に使われるなど多様に使われていた。

そのほか山人筋（木地師、またぎ、修験者、鉱山師、旅芸人たち）の仮の宿として使われていた。村人たちに〝寺っこ〟と呼ばれる小堂には、修験者たちが去った後「修験彫り（鉈彫り）」が残されていた。

円空の小堂籠りは荒地や湿原を開墾して新田に替えていく百姓たちの苦しみと病気に悩む加持祈祷であった。春の天気は変わりやすく鷹巣の空も荒れていた。雨が降りつづく小堂の中で円空は黙々と彫りつづけていた。その中に〝阿弥陀如来坐像〟もあった。

この堂内は昔から無名の山岳修験者が彫った彫像群が十数体置かれていたが、阿弥陀如来座像（全高四三センチ）が円空彫像として発見されたのは円空が鷹巣を去ってから約三〇〇年後の昭和四五年（一九七〇）であった（現在は北秋田市の「大太鼓の館」の一角に安置されている）。

円空、米代川を下る

小堂に留錫した円空は、秋田遊行巡路の計画と秋田山岳修験聖場のより詳しい状況を知るために、里人から秋田の状況について詳しく聞いていた。遊行は「回国、一山禅頂、加持祈祷、帰山」の循環行動であり、円空の秋田平野遊行の巡路は鷹巣の小堂で作られた。

円空の構想は、――鷹巣から能代に下り、能代の海岸沿いの道を行き、男鹿半島本山《ほんざん》、赤神《あかがみ》神社・五社堂に登拝し、十一面観音立像を奉納したあと秋田平野（横手盆地）を通り、雄物川《おものがわ》を遡って院内《いんない》で秋田は終る。つぎに奥羽山脈を越えて宮城県瑞巌寺に参拝したあと、二荒《ふたら》（日光）山岳修験聖場に至る――壮大な遊行であった。

　鷹巣盆地の空がうっすらと明るみだした頃、朝もやの霞む道をひとりの旅僧が足早にいそいでいた。背中の笈《おい》は、ずっしりと重く旅僧の肩にくい込んでいた。鷹巣・綴子を去る円空である。

　ひんやりとした冷気の中、米代川の船着場には、すでに若い船頭が来ていてこまめに働いていた。濃い朝もやの中から円空が現れた。

「お早う、朝早くから、すまねぇなぁー」

「なんもだってば（どういたしまして）」

　朝の挨拶を交わしながら円空が小舟に乗ると少し揺れていた。

「いいですか、せば」、そう言って船頭は力強く竿を差すと、小舟は米代川の流れにのって下りだした。

　沙門円空は、舳先《へさき》の前に座ると、笈に載せられた「聖観音坐像」を取り出して舳に安置したあと、米代川運行の安全を祈って、呪文を唱えた。そのあと向きをかえ、遠ざかる鷹巣の村々に合掌して静かに経文を唱えていた。


円空、能代の海辺をゆく～潮風に、還らぬ海人へ絶叫が聞えてくる

　米代川を下った小船は羽州街道と交差する能代の船着場に着いた。

「ありがとう！　その聖観音はこの船のお守りとして舳に祀っておいて下さい。」

「もってねぇすな、ありがとうございます。円空さんも気をつけて旅を続けて下さい。」

鷹巣の若者は去りゆく円空に手を合わせて、頭を深く下げていた。

下船した円空は、強い浜風に法衣の袂をひらめかせながら男鹿半島に向かって海辺の道を歩き始めた。

春とはいえ海はまだ冬を引きずっていて、沖からは無数の白波をたてた波涛が押し寄せていた。海人たちはこの様を〝海が白い歯をむく〟と呼んでいる。

能代はまだ寒く、浜辺の防風林は風を切ってひゅうひゅうと泣いていた。

男鹿の海　いつまで荒れる　里は春　　萌雪

能代の浜辺には、漁に出たまま還らぬ夫や息子たちの死に絶叫する女たちの声が潮風にのって聞こえてくる。北の海に生きる人々の運命はくり返す。

その形相は多様である。祀られている場所も寺社の境内だけでなく、道標を兼ねたものから、潮風に吹き晒されて海辺近くに置かれ、遠く沖を見つめているものまである。

男鹿半島の沖は、日本海沿岸でも潮流が速く危険な海域で知られている。とくに冬になると荒れ狂う海は多くの漁師たちの生命を奪っていた。

怒涛の叫びか風のうねりか　磯浪もたけり狂っている晩
老人と子供はよりそい　白い顔の妖しくつめたい雪女を思う
そんな夜更けに限って漁船の難破が伝えられる
父ちゃんよう　兄ちゃんよう　人々は海へ走る
駄目かよう　助かったよう
えり巻きだけが磯辺にただよい　遂に帰らない兄ちゃんもあった。

（沢木隆子の詩「厳冬の漁村」より）

新男鹿半島物語

昔、男鹿《おが》半島にオルガと呼ばれる面打《めんう》ちの匠《たくみ》がいた。オルガはいつも本山《ほんざん》の山中で黙々と鬼面を打ちつづけていた。

仕事場の窓からときどきオルガの歌声が流れていた。里人が知らない歌なので、何の歌かと訊ねると、オルガは「子供の頃よく母が歌っていた歌です」と答えていた。遠い異国の歌のようでもあった。

ある日、里人が鬼面を被ると、面の中で不思議な音が共鳴していた。海鳴りの音でもあり、草原を吹き抜ける風の音にも聞こえた。

　オルガには奇妙な行動があった。海が時化《しけ》で幾日も荒れると、自分の打った黒い鬼面をかぶって入道崎《にゅうどうさき》の先端に立って、両手を振りかざしながら一心に呪文を唱えていた。

　そのあと鬼面を打ち寄せる波涛に投げ入れた。オルガの験力《げんりき》か海は鎮まっていった。

　寒風吹きすさぶ冬の入道崎で、鬼面をかぶり呪文を唱えるオルガの姿は吹雪の中に幻のように浮かんでいた。沖にはごうごうと天に昇りゆく竜巻が幾条も渦巻いていた。

　その姿を見た里人たちには、荒れるわだつみ（海神）を鎮める鬼神に映った。いつの頃か、だれ言うとなく、ここをオルガの岬と呼んでいた。


　オルガにはもうひとつ不思議な行動があった。満月の夜に赤い鬼面をかぶって入道崎の断崖の上に立ち、海面に煌めく遠い沖をいつまでも見つめていた。満月が水平線に没すると、オルガの慟哭《どうこく》は遠くまで聞こえていた。鬼面も涙で濡れていた。


　ある年のある夜、満月が西に傾き水平線にかかる時、暗い日本海の海面に満月を反射してきらめく一条の光の上を沖に向かって歩いて行くオルガの姿を見た者がいた。

　その頃、中央アジアの草原では東の空に満月が昇り始めていた。

男鹿半島本山からオルガが忽然と消えた。仕事場には、赤い満月の面と黒い新月の面、一対の鬼面が残されていた。

二　五社堂と円空十一面観音立像

円空、乱積みの石段を登る

円空は海辺の道をゆき、海難で還らぬ人の墓標や石碑を見ながら男鹿半島に入って行った。深い秋田杉の中を縫うようにつづく山道を修験走りの速足で半島を横切り、再び男鹿半島の海辺にでると、脇本、船川港の浜辺には多くの漁船が並び、漁師たちの活気に充ちていた。その日のうちに赤神《あかがみ》神社門前の町に着いた。

暮色に染まる門前漁港の空には無数の海猫が啼きながら飛び交っていた。

秋田遊行、一山禅頂の男鹿半島本山《ほんざん》・赤神神社は東北を代表する山岳修験聖場で出羽三山とならびんで知られていた。赤神神社日積寺永禅院《にっしゃくじようぜいいん》は往時、九寺四十八坊の堂塔を持つ寺社であった。

翌朝早く磯の香ただよう赤神神社・五社堂登拝口に立って見上げると、乱積みの石段の周りは鬱蒼とした杉の大木に覆われて、奥につづく石段は老杉の中に消えていた。

円空は参拝道の最初の一段の前に立ち、長い間経文を唱えていたが、やがて何かを確かめるかのように、ゆっくりと石段を上っていった。石段の周囲には群生するカタクリの花が咲きみだれ雪国の春を彩っていた。

上るほど杉の巨木が鬱蒼と茂り、乱積みの石の参詣道は修験者が求める聖なる未知、悠大にして荘厳な宗教景観であった。円空は参詣道を下りてくる小僧や修験者と行き交いながら上って行った。

乱積みの石段は、鬼が一晩で積み上げたという伝説の参道で、九九九段で五社堂の境内に上る。

円空、永禅院の玄関に立つ ～十一面観音立像、奉納を申し出る

円空は、真言宗・赤神神社日積寺永禅院の玄関に立ち、深々と礼拝し山岳修験の掟によって一連の誓辞を述べたあと、十一面観音立像の奉納の意を申し入れてから、しばしの留錫を願いでた。

日々、登拝してくる修験者に対応する本山の僧たちであったが、眼光するどく異様な霊気のただ

よう円空を見て、

「しばし待たれよ」と僧は廊下に消えて行った。

しばらくして奥から院主《いんず》が現れた。泰然とした院主は、円空に遊行の疲れをねぎらったあと奉納と留錫を心よく許した。

日積寺永禅院の坊《ぼう》（宿舎）に落着いた円空は、翌朝から小僧たちの協力を得て五社堂の平場（標高一八六メートル、南北一〇メートル、東西四〇メートル）へ上って行った。

五社堂の境内は広く、樹林を通して日本海が広がっていた。太陽に雲がかかると、雲のきれ間から太陽光が帯状に差し込み、海面は黄金色にかがやいていた。この光は昔から〝神々の階段〟と呼ばれている。

本山の数か所には、強風に倒れた倒木や伐採した木が積まれていた。円空はその中から一本を選んで、小僧たちの力をかりて、五社堂の広場に運び、縦に反割にして半分をやとい（架台）に組んでいった。

蝦夷地での二年間の遊行で培った円空の精神は大きく止揚しており、修験者の験力も過剰なほど自信に溢れていた。とくに沙流川でアイヌと一緒に起居していた間に蓄積された創作意欲は挑戦的なまでに漲っていた。

芸術家が心身ともに充実し、新たな創作動機を持った時は大作に挑むものである。円空の身体の中に流れる木地師の血、彫刻家の創作意欲はこの上なく高まっていた。

これまで彫像していた環境は、うす暗い岩窟や小堂などであった。そして小さな彫像がほとんどであった。しかしここは違う、荘厳華麗な堂塔の立ち並ぶ日積寺永禅院五社堂であり、等身大の立像は五社堂のいずれかの堂に祀られる。

男鹿のわだつみ（海神）と向かい合った場所で、海鎮めと安全を祈る十一面観音立像を彫る円空にとって、この上ない聖地であった。

円空、十一面観音立像を彫る ～円空の一打が振り落とされた

円空は境内に「やとい」を作り、その上に原木をのせてから、素材とじっと向き合っていた。原木が大きいほど、彫像が大作であるほど向き合う時間は長い。木目、そり、割れ目等を見極めながら彫像の全体像と細部が逆算されていく。今から彫る十一面観音立像をいかに表現するかは、素材との対峙の中で構想は深化されていく。そして原木の内に潜む木霊に魅せられていく。

白紙に一滴の墨が落とされると、静は動の次元に転位するように、円空の最初の一打が振り落とされた。

グワッ！　グワッ、グワッ、打ち込む鉈に素材が切り削がれる！

グワッ、グワッ、グワッ、一打ごとに木屑が乱れ飛ぶ！

コッ、コッコッ、コッ、コッコッ、外形が刻まれていく！

エンクウ　カムイ！　エンクウ　カムイ！　沙流コタンの子供たちの声が聞こえてくる。

鉈を握る円空の腕は、深山で鍛えた力で筋肉が盛り上がっていた。それ以上に若さが漲っていた。

円空は片肌を脱ぎ、流れる汗も拭かずに、かなりの早打ちで彫り込んでいった。

数人の小僧がいつも近くにいて、ときどき手桶に冷たい湧水を汲んできて、円空の横に置いた。

山鳥の鳴き声のほか、なにも聞こえない森の中、円空の打つ鉈の音は日本海から吹き上げる潮風にのって終日ひびいていた。


儀軌《ぎき》による十一面観音は、先ず頭上に縦縞の筋模様を彫った天冠台を置き、その上に正面三面、左右それぞれ各三面、後部に一面が並ぶ、この十面を化仏《けぶつ》と呼び、頂点に一面をくわえて、計十一面を持つことから十一面観音と呼ばれている。

正面は慈悲の面、左側は怒りの面、右側は牙をむいた面、後ろ側は悪を折伏した笑いの面であり、その頂点を頂上仏と呼び、如来の面相が飾られる。仏師による十一面は華麗に表現されているが、円空の十一面の化仏はかなり省略、というより抽象的に彫られているのが特徴である。

円空、彫り続ける～五社堂と客人堂

鉈の一打は聖なる行為の始まりである。鋭く打ち込む刀勢《とうせい》（彫る勢い）は円空得意の彫り方であった。円空は素材に潜む十一面観音の顕現にむけて没入していった。刀勢は彫像表現の高度な技術である。優れた仏師のさりげない一彫りの刀勢は技術を越えた至高な技であり、宗教美を創り上げている。

円空の腰にはサルンコロクルのニシパに貰ったマキリ（小刀）が下げられていた。彫像の細部はこのマキリで丁寧に仕上げていった。十一面の細部、天衣の流れも儀軌に添って彫られている。北海道で見たアイヌの彫刻技法はすぐに活用され、五社堂十一面観音立像を彫り上げていった。

数人の小僧が円空の彫り方をじっと見ていた。日積寺永禅院・院主から、

「一木から観音菩薩が顕れる、すべてを見ることは、一生に一度、あるかないかの好機であり、修業でもある。よく見ておけ。」と指示されていた。

初夏の日差しは暑かった。破れ笠を被り、観音菩薩にとりつかれたように打ち込む円空の背景に五社堂が並んでいた。五社堂の配列は、中央本殿に赤神権現堂を構え、向かって右側に客人《まろうど》権現堂、三の宮堂、左側に八王子堂、十禅師堂を配していることから五社堂と呼ばれている。

客人と書いて《まろうど》と読む。山岳修験で異人を指す呼び名である。異人とは外国人のことである。異人には日本海で遭難した漂着の異邦人から密航者まで様々である。今も冬の夜に行なわれる男鹿の奇祭〝なまはげ〟の由来の中に、金髪赤顔のロシア人の伝説もあり、鬼の乱積と呼ばれる参道石段の土木技術は日本のものではなく異国、つまり異人の技術である。とする伝説も含まれている。

また、赤神神社に継承されている広巾の掛軸「漢武帝絵図」に描かれている五匹の蝙蝠《こうもり》が五鬼の〝なまはげ〟の由来とされているが、その信憑性は別にしても、まろうどにつながる根拠は持っている。このように男鹿文化の源流をたどると環日本海につながる〝まろうど〟を無視して語ることはできない。

今日も男鹿本山《おがほんざん》は暮れていく、鉈を置いた円空は背筋を伸ばして反り返った。五社堂境内から眺める男鹿の落日は、静かに日本海に沈んでいった。

わだつみよ、鎮まれ！～五社堂十一面観音立像・開眼

五社堂に留錫してから、はや一〇日が過ぎた。原木の中から十一面観音が現れていた。

荒れた手で木肌をなでながら円空はそっと微笑んだ。かつて彫ったどの立像より優れた十一面観音立像であった。ふっくらとした肉体にそって流れる天衣の襞《ひだ》、奥深い慈悲の面相に浮ぶ観音微笑など、見るほどに惹かれていった。円空は観音立像の頬に自分の頬をすり寄せて喜びの気持ちを表わした。

近くにいた小僧たちの手をかりて、等身大を超える十一面観音立像を海の見える場所に運んでいき、杉の巨木に立て掛けた。その前に質素な祭壇をつくった。

本山の水場で身を清めた円空は祭壇の前に座り、入魂開眼の経文を唱え始めた。

円空の祈りの声は高く低く、海鳴りのように経文を唱えながら矢立から筆をとり、十一面観音の額に白豪《びゃくごう》を印してから、両眼に瞳を入れると、すくっ！と立ち上がった円空は、最後に大きく手で空を切り、

「わだつみよ　鎮まれ！」と叫んで開眼法要のすべてを終えた。十一面観音、開眼の瞬間である。この瞬間から十一面観音立像は、円空から離れて、天空の神となった。

さらに円空は、荒れる能代の海で還らぬ海人たち、男鹿半島の海人たちの安全を守る経文を唱えていた。一心不乱に祈る円空の姿に小僧たちは鬼気さえ感じていた。

祈りつづける円空の胸中には、冬の渡島半島の時化る海の光景、オオタカムイの洞窟で見た奥尻海峡の荒れる海、さらに荒れる長良川の濁流に呑み込まれていった母、人生に消えることのない悲

しみが渦巻いていた。

奇蹟か、その時一閃の陽光が差し込んできて、十一面観音立像の顔をやさしく照らし出した。

聖仏師《ひじりぶっし》円空の誕生～円空、五社堂を去る

彫り上った十一面観音立像は院主の命により客人堂に奉納されることになった。

翌朝、円空は小僧たちに十一面観音立像を五社堂・客人堂に運んでもらい、儀軌に従って奉納したあと、日積寺永禅院に行き、院主に厚く礼を述べた。

永禅院の前に並んだ小僧たちは短い間であったが、円空に〝沙門の孤高〟のなんたるかを学んだ。一度登拝した遊行聖は二度と訪れることはない。ふたたび会うことのない円空に別れを惜しんで、「円空さん、有難うございました」と深々と頭を下げていた。

みなに別れを告げた円空は、ふたたび訪れることのない五社堂を去って行った。鬼の乱積みの参詣道を下りながら、円空は自分にも分かるほど内なる験力が沸いていた。人間の変わり時は瞬時に変わる。心身共に聖仏師に止揚したのである。

五社堂十一面観音立像は円空の次元を変えた。聖《ひじり》仏師（修験者としての彫刻家）を目指して積み

上げてきた技術がとうとう離格《りかく》を悟ったのである。〝聖仏師円空〟は五社堂で誕生したのである。

来山した時、本山は新緑に萌えていたが、いま木々の葉は緑濃くしげって参道を覆っていた。山鳥の啼き声は四方にみちていた。

五社堂に来てから毎日眺めていた日本海の景観は日々移り変り、濃紺とも濃緑とも映る海の色、東北山岳信仰の聖山、赤神神社・五社堂の境内で過ごした時間は沙門円空に内在する密教の秘儀・不顕の奥深さとして浸透していた。

円空のいなくなった男鹿半島は、昨日そうであったように今日も陽は昇り、落日は燃えていた。

無名の私度僧、沙門円空の彫った十一面観音立像は寺史に奉納された記録もなく、それから約三五〇年、世に知られることもなく暗い客人堂の中で耐えていた。五社堂十一面観音立像の運命である。男鹿半島五社堂を後にした円空はどこへ行ったのか、すべては謎につつまれている。

三　円空、十一面観音立像を雄物川上流に祀る

横手盆地を通り過ぎて行った円空 ～ 雄物川源流の里へ

雄物川《おものがわ》の朝は深い霧に包まれて明けていく。雄物川に沿って横手盆地を縦断する羽州街道は早朝から上る人下る人、とくに院内《いんない》銀山に荷物を運ぶ人馬が行き交っていた。

街道をゆく里人にまじって行商人に変装したキリシタン宣教師もいた。宣教師は、蝦夷地、津軽、雄勝《おがち》・院内をしきりに往復していた。また各地を渡り歩く旅芸人、法衣をまとった遊行僧から遊女まで、それぞれの運命を背負って通り過ぎていた。その中に破れ笠を被り、汚れた法衣の円空もいた。

五社堂を下山した円空は横手盆地の村々ではもうそこまで来ている冬に備えて、山から切り出した木を細かく割って軒下に積み上げていた。

自らを沙門《しゃもん》と名乗る円空は痩身ではあるが疲れを知らない精悍な顔つきで眼は異様な光を放っていた。横手盆地南の里、横手、大雄を通り過ぎた円空は、十文字、湯沢を通り、横堀から院内に向かう山道を上っていた。

上り坂で見晴しのきく岩の上に腰をおろした円空は笈《おい》を下ろして、中から里で貰った握り飯と竹筒の水筒を出して岩の上に並べた。いま上って来た道を見渡すと雄物川が西陽を反射してまぶしく光っていた。

笈の横に置いた破れ笠に、「おまえも疲れたなぁ～」と独り言を言いながら、にぎり飯を食べはじめた。食べながら、鷹巣、男鹿半島・五社堂、そして広い横手盆地を通ってきた道、長かった秋田遊行を回想していた。あとは雄物川の上流の里に〝川鎮めと五穀豊穣の観音立像〟を祀るだけとなった。峠を越せばもう来ることのない横手盆地をいつまでも見つめていた。

円空が秋田遊行の最後に選んだ雄物川源流の里・院内は、銀山の繁栄も過ぎ去り、その後、行われた異教弾圧による悲しいキリシタン殉教の地であった。苦しみと悲しみに生きる院内の山里や村里は重い空気にふさいでいた。

銀山の里、雄勝《おがち》・院内《いんない》～歴史に見る繁栄と衰退の院内

山に生きる修験者は、薬草・伏流水脈・鉱脈に詳しく、日本の銀山はほとんど修験者によって発見されている。円空は院内銀山について、すでに山筋から聞いて知っていた。

さらに隠れキリシタン殉教のことも聞いていたであろう。

院内（現、湯沢市）は、秋田県南端、奥羽山脈、神宝山系に連なる山深い県境の集落である。院内と言っても知る人は少ないが、美人の代名詞に使われる小野小町といえば知らない者はいないだろう。院内は小野小町の生まれ育った里である。

地理的には秋田平野（横手盆地）を貫流する雄物川源流の里である。往時は山形、宮城への山越えの羽州街道の要衝であり、さらに日本三大銀山の一つ院内銀山の集落であった。

「当時この山あいに二万人余の人口にふくれあがった集落は、商店も並び、多くの行商人も行き交い、旅芸人から遊女までの賑わいであった。」（銀山資料）

この急速な人口集中の背景には山筋（鉱山師、修験者、旅芸人、木地師等）の情報網も一役かっていた。でも華やかさだけではない。

「山中洪水、落盤事故、など自然災害から労働災害も頻発していた」と『院内銀山史』に詳しく記されている。

「慶長元年、関ケ原合戦の落武者によって発見された銀山は、慶長七年、佐竹藩　移封入部に伴って直営の銀山となってからは急成長していき、人口二万人余の大集落となり、久保田城（秋田）城下町の人口と肩を並べるほどになった。

銀山坑夫の出身地分類によれば、ほぼ全国から集まって来ていた。内訳は関ケ原合戦の落武者、迫害を逃れて来たキリシタン信者、罪人の駆け込み場所から、銀欲しさの高野聖までいた。」（『院内銀山史』より）

キリシタン殉教の地 ～銀山終焉とキリシタン迫害

雄物川は上るほど狭くなり、院内では渓流であった。修験走りの早足で歩く円空は午後には院内に着いていた。集落に入る前に周辺の山里を巡ると稲田もつづき、新田の開拓も盛んに行われていた。院内の地理的概況を把握した円空は、ゆっくりと村の中に入って行った。

村の中は暗く沈んでいた。キリシタン殉教の恐怖政治に怯えて重い雰囲気がただよっていた。円空がときどき合掌しながら歩いていると、村の人々は怪訝そうに見つめていた。破れ笠に破れ法衣の薄汚れた修験者を見て、変な乞食行者と気味悪がっていた。

院内は銀山繁栄の陰に、戦国時代の敗者（落ち武者）の歴史と異宗教弾圧が刻まれた集落である。関ヶ原の戦いの後に施行された、キリシタン禁止令による弾圧を逃れて多くのクリスチャンが逃げ込んでいた。

日本の負の歴史、キリシタン迫害について、

「院内山中『開』集落（現在は無人）にはキリシタン住居跡と呼ばれる所あり、またかつて銀山にあった誓願寺には、十字の袈裟を付けた地蔵像やマリア観音と見られる仏像があり、小野館山には裏側に十字を彫り付けた石の祠がある。

寛永元年（一六二四）キリシタン信徒一一五名処刑、寺沢で信者五〇人が斬首された。」（『院内銀山史』より）

「さらに一六六一年以後の切支丹迫害へとつづいていった。一七世紀における日本のキリシタン弾圧の記録は、同時期、すでにヨーロッパに知られていたが、この中にも院内キリシタン迫害も含まれている。院内は銀山栄華の歴史の裏側で佐竹藩によるキリシタン迫害で殺されたキリシタン殉教の地なのである。
佐竹藩によるキリシタン弾圧が銀山最盛期頃まで、ほとんど無かったのは、杭山夫人口を確保するためであった。
各地の鉱山にも多くのキリシタン信者が流入していたのである。当時、ヤソ会の神父が杭夫や行商人に姿を変えて伝道を行っていたのはこうした背景があったのである。」（『院内銀山史研究』）
円空とキリシタン殉教との関係は不明である。しかし円空が遊行した蝦夷地石狩平野、秋田院内、名古屋は歴史に残るキリシタン殉教の地である。

円空、村長に挨拶にいく～院内の集落は暗く沈んでいた

雄物川源流の里、院内に着いた円空は経文を唱えながら村落や銀山坑夫たちの集落を一巡していた。途中の家に立ち寄り、むらおさ（村長）の家を訊ねてから、円空は村長を訪ねていき、「院内の里に等身大の観音立像を奉納する」ことを伝えて、その協力を依頼した。

村長は、乞食同然の破れ法衣をまとった円空を見て追い返そうと思ったが、眼光の鋭さに、《その観音立像は隠れキリシタン？》と疑ったが、銀山の相次ぐ労働災害は殺されたキリシタンの呪いだと思っていたので、鎮魂の思いをこめて、

「できる丈の協力をしましょう」と答えて、一筆の書状を書いてくれた。

円空はその足で木材集積場に向かった里からすこし離れたところに、山から切り出された原木が積み上げられた集積場があった。集積場にいき、頭《かしら》に、むらおさの書状を見せると、

「修験者さんですか、有難うございます。」

円空の身なりも気にもしないで、丁寧に一礼してから、大柄な頭は奥に案内してくれた。良材の産地、羽州（秋田）である。立派な原木が積み上げられていた。原木を見る円空に聖仏師の覇気が湧いてきた。さらに、等身大の〝十一面観音立像〟を彫ることに魅せられていった。

さっき集落をまわった時に、ちょうどいい広場を見付けていたので、円空は素材を選んでから、やとい（架台）の材料などと併せて、頭《かしら》に広場まで運ぶように頼んだ。

翌朝、広場に先に来て待っていると、大八車に積んだ素材が広場に運ばれてきた。荷車の横には頭《かしら》と数人の男がいた。

「円空さん、院内は雨が多いので、簡単な仕事場を作ろうと思って、大工さんも連れて来たよ。」頭《かしら》はもう円空に気安く話しかけてきた。

大工たちは、用意した木材で、すぐ作業にとりかかった。小屋組みが終ると、屋根替わりによしずを張り、その上に筵を重ねてでき上がった。仕事場は屋根だけの仮小屋であったが仕事場には充分の広さがあった。円空にとっては立派な仕事場であった。

山里院内の落日は早い、やがて暮色が濃くなり、広場の周りの家々に灯がともりだした。

円空、鉈で彫り始める ～わっぱ飯の差し入れ

山の朝は明けるのが遅く深い霧に包まれていた。仕事場に来た円空は、まず、昨日大工に造ってもらったやといの上に置かれた原木を見ると、体の中から新しい気概が込み上げてきた。聖仏師円空の体の血がさわぐのである。素材をゆっくりと回しながら、

うん、うん、とひとりでうなずきながら、やがて彫像表面の木目が決ると、腰から取り出した鉈を強く握り直し素材に打ち込んだ。一打、二打、三打、あとはいつもの早打ちで刻み込んでいった。鉈打ちの音は、朝の冷気を裂いてひびきわたっていった。

鉈を打ったびに飛び散る木屑、噴き出る木の香に円空も体も染まっていった。朝から村のわらしっこ（子供）たちが集まって来て、鉈を振り上げる円空の姿を珍しそうに見ていた。汗ばんできた円空が片肌ぬいで、また打ち込んでいく、円空はときどき打つ手をとめて、じっと素材と向き合っていた。

子供たちはいつの間にか小屋の周りに座りこんで、円空の仕草をあきずに見ていた。昼近くなると、あば（母ちゃん）が来て、ひとりのわらしっこに、わっぱ飯と水筒を渡していた。小さい女の子は、それを持って円空のそばにきて、

「えんくうさん、まま、あがってけれ。」

恥ずかしそうに言ってから、わっぱ飯を置くと、母の所に走って行った。

「ありがとう～」円空は笑いながら女の子に礼を言った。

むしろ屋根の日陰の下で、わっぱを開けると上段に山菜料理、下段に真っ白いご飯が入っていた。食べていた円空の目に涙がうるんでいた。

遊行僧のたどる日々は、見知らぬ国で〝草衣をねぐらにして生きる〟野宿と孤独である。粗食と風雪には平然と耐える円空であったが、〝わっぱ飯〟の暖かさから遠い記憶の奥にいる母の優しさが不意に出てきた涙であった。

院内に祈りの観音立像 〜多くの村人が集まってきた

早朝から、法衣の袂を襷《たすき》がけにして鉈を打ち込む円空、時には両手で、時には素材の上に股がり日暮れまで彫りつづけていた。

次の日から夕方になると大勢の里人が集まってきて物見のように眺めていた。その頃の院内は人々が集うこともなく、明るさも楽しみも失われていた。そこに突然に現れた修験者が大きな観音立像を彫っている。それだけで院内に明るさが戻ってきた。

数日が過ぎると、十一面観音の外形が現れ、頂髪が現れ、天衣の襞《ひだ》が強い線で浮きあがってきた。その刀勢は北海道に渡る前の弱々しさではなく、五社堂で彫った十一面観音立像と同じ力強さがあった。

円空の法衣は噴き出る汗にぬれて肌につきまとっていたが、汗も拭かず、なお一心不乱に彫りこむ円空の姿は龍神の化身に映っていた。

近くで見ていた村人たちは自然に手を合わせて、〝有難や、勿体なや、えんくさん〟とつぶやいていた。

彫り上った等身大の十一面観音立像は、円空の肩で立ち上げられた。天冠に十一面の仏面を載せ、面相に微笑を浮かべる観音立像は村人たちの心を捉えた。

寡黙な円空は乱れた髪の中から目だけが異様に光り、マキリを握って観音立像の横に立っていた。

彫り終った円空は小屋の中を片付けてから、ゆっくりと雄物川の岸辺に行き、河原に下りていき、髭を剃り、髪をととのえてから、雑巾のような法衣を脱いで渓流の深みに入っていった。冷たい渓流に浸って合掌を組み、経文を唱えて浄身を行っていた。

円空、雄物川源流に寝る

観音立像は村人たちの手で運ばれていき土手を背に渓流の河原に祀られた。

いつものように祭壇がつくられ、筵《むしろ》の上に円空が正座して厳粛な開眼法要が始まった。

子供たちは堤に並ぶ桜の木の周りに座っていた。周囲には村長をはじめ、頭や大工・村人たちが集まっていた。その中に銀山坑夫、老いた遊女から三味線を抱えた旅芸人までいた。円空が唱える読経の声は院内の人々の心にひびき渡っていった。

信仰の原形は自然への畏敬であり、神々は宇宙と大地の自然神であった。純白の雪に覆われた山頂は穢《けが》してはならない聖なる頂きであった。春になり高き山々より流れくる　ゆきしろ（雪どけ水）は、水田稲作の農耕民にとって豊穣の恵みであった。

これが高き山、聖山を神とする山岳信仰における上流信仰である。

円空の読経は、雄物川下流の水飢饉と洪水から守り、秋田平野の豊穣の祈りと共に、銀山の落盤や山中洪水で亡くなった坑夫たちへの鎮魂の祈りであった。

ながい源流の神々への祈りのあと、すくっ、と立ち上がった円空は、

〝雄物川よ　永遠なれ、秋田平野よ豊穣の里へ〟と高らかに声を挙げ、数珠を振りかざして大きく空を切った。聖なる開眼を得た十一面観音立像は、院内集落の幸せと遠い下流の横手盆地を見つめて優しく微笑んでいた。

開眼法要で入魂した観音立像は、円空から離れて独自の社会的神格（人格）を持って院内の神たる運命が始まった。その日から雄物川の土手に祀られた十一面観音立像の前にきて、手を合わせて拝む村人が絶えなかった。

祠もなく、野ざらし、雨ざらしで立つ観音立像は、雄勝・院内の人びとの暮らしの中に灯った一灯であった。旅芸人の女がきて三味線を弾きながら唄を歌っていた。また、どこかに旅立つのだろう。十一面観音立像は去りゆく女の幸せを見守っていた。

円空はその夜、十一面観音立像の足元に筵《むしろ》を敷き、筵を被って寝た。雄物川源流の瀬音がすぐ枕元に聞こえていた。蝦夷から津軽、さらに秋田平野とつづく遊行は過酷な孤独であった。円空は美濃に残る尼僧アイヌーラに思いを馳せていた。襟の中にある小袋にそっと手をやり〝アイヌーラ、待っててくれよ、きっと帰るからな〟と、ひとり呟いていた。

深山の夜は漆黒に更けていった。秋田遊行最後の夜は院内で終ろうとしていた。

羽州よ、さらば～円空は明けゆく空の中に浮んでいた

雪国は盆を過ぎると朝夕はかなり冷えてくる。耳元で秋虫の鳴声がうるさいほど鳴いていた。翌朝早く山鳥の啼き声で目を覚ました円空は、雄物川の瀬音を聞きながら渓流で身を清めていた。そのあと渓流の中に顔を入れたままで、冷たい水を飲んでいた。

まだ木の香のただよう十一面観音立像の前に戻ると、肌をなでながら経文を唱えていた。

円空の枕元には院内の女たちがつくってくれた肌着と村長から礼に貰った新しい法衣が置かれていた。早朝に旅立つので、と村長たちには昨夜のうちにきちんと礼を述べていた。笈《おい》の中には女たちがつくってくれた笹巻が何個も入っていた。真新しい肌着と法衣に着替え、新しい脚絆を巻き、新しい草鞋《わらじ》の緒を固く締めた。新鮮な旅装に整えてから外に出ると、院内はまだ夜の眠りの中にあり、深山の綾線が青白く明けかけていた。

円空の新しい法衣の襟には古い法衣から縫い直したアイヌーラから預かった宝石と錦の小袋が入っていた。院内の集落を出て行き、雄物川の渓流に沿って未知なる山道を登って行くと、空は紫色に染まりながら明けていった。

「えんくさーん」下の方から円空を呼ぶ子供たちの声が聞えてきた。立ち止まって振り返ると、子供たちが大きく手を振っていた。円空も笠を脱いで大きく右に左に振っていた。

円空は子供たちの幸せを祈りながら山道を登って行った。

道はさらにきつくなり、次の遊行、宮城県瑞巌寺への山越えの道に入るところで立止り、再び訪れることのない雄勝・院内と横手盆地を振り返り、じっと見つめていた。しばらくしてから、

―羽州よ、さらば―　と最後の別れを告げた。

〝未知なる道は聖なる未知〟修験走りの早足で山道を登っていく円空の姿は、明けゆく空の中に浮んでいた。

終　章

夏山の一夜

　高山に登ると大自然の未知なる現象との出合いがある。山も空も空気まですべてが桃色に染まる夜明けのモルゲンロート（朝焼け）は神秘的である。

　冬の北アルプスに登ったときサングラスを忘れ、雪の反射で目をやられ、翌朝、急性結膜炎で潰れた目の隙間から見たモルゲンロートは忘れられない。

　さらに高山には、稜線がつづく空間に突然映るブロッケン現象がある。めったに現れることはないが、前穂高を縦走しているときに稜線の横に現れ、その輪の中心に自分の姿が浮かぶ幻想的な世界を体験したときは、神秘的なブラフマン（宇宙）を実感した。

　山は美しいだけではない。厳しく、そして非情である。登山する人間のすぐ隣に死神がついてくる。だから登山は「絶対、一人で入山してはならない」これは山男（女）の掟であり鉄則である。しかし深山には、一人で入山しなければ分からない魂の世界がある。ゆえに私は一人で山に入る。

その体験のルポルタージュが本書第Ⅰ部の「夏山の一夜」である。

深山には未知なるドラマがある。山の夜は漆黒の世界である。やがて星の光が輝きだすと満天に広がる星群の明かりに、深山の夜の世界が繰り広げられる。

「山に生まれ、山に生き、そして山で老いてゆく」。これは山で知り合った山里の人から聞いた言葉である。この山に生きる人々の中に語りつがれている修験者の伝説がある。伝説の中で山人が抱く修験者は、俗人と離れた霊験と験力を持った特異な存在である。

夏山の一夜で体験した昔巫女であった老女の伝説に「しょんり塚」があった。その由来は、山形県庄内町にある「しょんり塚」の伝説に似ていた。

「円空 破れ笠」、歴史と重なる創作

古代から高山・深山には二つの呼び方があった。〝聖山〟と〝霊山〟である。その両方を併せ持つ信仰が山岳信仰であり修験者である。古代山岳信仰を研究している中で、江戸時代初期、自らを「沙門円空」と呼ぶ聖がいた。出自も生涯も多くは不明である。

この円空について史実を調べたが、生まれ年にも諸説あり、乞食坊主から金襴の袈裟をまとった上人まで、現代人にもその伝説は混然としている。無名の私度僧、円空の確かな記録はなく、未だ

空白と謎に包まれている。とくに蝦夷地に渡った動機と秋田県については、ほとんどと言っていいほど解明されていなかった。

私はこの円空の空白と謎を解こうと、歴史地理学的に考察して推測を立て、現地を訪ね始めてから約三〇年の歳月が流れていった。なぜこれだけの歳月をかけたのか、あくまで推測した円空の足跡を自分の足で歩き、目で確かめるためであった。しかし没後、約三五〇年。空白と謎を解く確証はなく、すべては推測の範囲を出ることはなかった。

したがって、私の「人間円空」は史実と膨大な現地調査を下敷きにした創作である。

尼僧アイヌーラ、魂の運命

山岳信仰の中に「客人《まろうど》」と呼ばれていた一群の修験者がいた。彼らのほとんどは環日本海の漂着の異邦人である。その中に、中央アジアから流れてきた異邦人と共に持ち込まれた中央アジアの文化はいまも東北地方に受け継がれている。

日本には「山筋」と呼ばれた人々が通る山道があった。山筋の中には中央アジアの歴史と重なる漂着の異邦人もいたであろうし、各地を渡り歩く旅芸人もいたであろう。この旅芸人と尼庵。これに綾なす運命が円空と尼僧アイヌーラである。

京都 嵯峨野には自ら求めて剃髪して尼僧になり、小さな尼庵で余生を過ごした女性がいた。平家物語に書かれた祇王寺もそうである。昭和の中頃まで、嵯峨野にはまだ無名の尼庵があった。私は尼庵を訪ねて尼僧の運命と人生観について聞いたこともあった。

人間円空の空白と謎に包まれた人生には、多様な円空の姿が浮かんできた。そこに通底するのは幼き日の忘れることのない母慕う円空であった。それは孤児《みなしご》円空の魂の運命であり、この円空と重なる尼僧アイヌーラの深層にも母慕う孤児《みなしご》の魂の運命があった。

東京大空爆の炎の中で生き残った私には、歴史とは過ぎた日々の運命であり、生き抜いたことが正しければそれが真実である。私の創作の基底にあるのは「命の美しさ」である。

幾春別

イクシュンベツを訪ねて行ったのは、どこかに尼僧アイヌーラにつながる残影を求めていたが、それは仄かな夢だった。現実は幾春別そのものが忘れられた町であった。

北海道史研究家の杉田秋夫氏は、幾春別にある博物館（三笠市立博物館）を案内して、イクシュンベツ・アイヌの遺構、遺跡、矢じりなど、考古学的な視座から詳しく話してくれた。

その後、幾春別が炭鉱の町で栄えていた頃の華やかさから、時代の流れで廃れていき、今は忘れられた町になっていることなど話し終わってから、

「『円空破れ笠』で、幾春別の名が世に知られたら、こんな嬉しいことはない。」

と過ぎた青春の日々を思い出しながら話していた。

北海道史研究家の解良守氏は、「北海道開拓史は和人の正史である」、アイヌの歴史には、和人と共生した民間交流と、環日本海につながる各国との交易があったこと等を、資料と併せて語っていた。

北海道史研究家お二人の話は、私の考察と推測の確かな裏付けとなった。

母慕う円空

修験者を聖《ひじり》と書いたのは誰だろう。密教では位階の最下位を非事吏《ひじり》と呼んでいた。山岳修験者の職掌では、火起こし・火消しの役を「火鑚《ひぎ》り」と呼んでいた。それが語源でもある。

その他、ひじりにはいろいろな文字が使われているが、本書『円空破れ笠』では、名もなき私度僧、山伏、修験者を「聖」と呼んでいる。

現在までに発見されている円空像は約五〇〇〇体ある。その約六割が観音菩薩である。観音菩薩は女性であり母像《ぼぞう》の姿である。孤児の運命に生まれ、子供の時〝宗哲〟と呼ばれて育った円空が心の中で慕いつづけた母の面影は、「氷雨降る峠道を、破れ笠を被《かぶ》って、手をつないで越えていく母子の姿」であった。

円空研究者の中に、私が位置付ける「母慕《した》う円空」に否定的な者がいる。「円空は母を慕うような弱い人間ではない」とうそぶく者を見ると、私はそこに、母の愛情を知らない、哀れな人間の姿を見てきた。

続編「円空 魂の運命」について

円空が逝ってから約三五〇年、円空が遺した彫像群は、やがて忘れ去られ、人の世に渦巻く運命《さだめ》の中に離散していった。謎につつまれた円空像は、因習に耐えて生きる人々、苦難にあえぐ大衆の祈りの中に生きつづけていた。

因習に耐えて生きる大衆、特に女性の実態を知らずして修験者を語ることはできない。

「庄内平野あねちゃ（若嫁）悲話」は、封建時代に生きた大衆の姿である。特に具体的に書いた「文《あや》の一生」は、あねちゃの一生であり、私が体験したルポルタージュである。

山形県庄内町、見政寺に明治の初頭より安産観音として出産のときに多くの女性たちの手に握られてきた小さな聖観音は、長い間弘法大師作と言われてきたが、近年、円空作と確認されてから、俄然、「円空は羽黒山に登拝したのか?」と世の関心を集めたが、それ以上は分からず、謎に包まれていた。

私はこの謎を解くために羽黒山に登拝して調べたが、神職の権禰宜たちは「羽黒山は神社に変わっているので」と、誰にも分からなかった。

誰にも分からなければ自分で調べようと、庄内地方に残る三山碑の背景と湯殿山修験者の信仰活動や東北山岳信仰の聖山、出羽三山に残る即身仏の実態。そして修験者が行き交った羽黒山参詣道を登り、見政寺・円空聖観音の由来と年代を解明した。

「現代人の心の中に円空は生きている。」これは、私が円空を語るときの枕詞である。

現代社会は人間存在の否定と消滅に向かっている。資本主義社会とは究極的に資本の利益を優先する。したがって現代社会は必然的に格差と人間否定となる。

現代に生きる人間が深層で求めているのは人間回帰であり、まさぐる中で円空に魅かれるのは無意識の信仰である。

本書『円空破れ笠』は、もともと前半を「修験者円空が生きた人生」、後半を「没後約三五〇年、現代人の祈りの中に生きている円空」として一冊の本として執筆したものであるが、大部の著作刊行は容易でないという出版事情を考慮して、今回は前半部分だけをまとめたものである。

機会があれば、〝現代人の祈りの中に生きている円空〟を続編として出版したい。

あとがき

人間の生き方、考え方は無限にある。その対極に有神論と唯物史観がある。しかし、これがすべてではない。それ以前に古代山岳信仰があった。〝山岳信仰〟と言ってもそれは漠然とした魂の世界である。私はこの山岳信仰を、研究とまではいかないが調べていた。山岳信仰が神楽舞の形に形になってから霜月神楽《しもつきかぐら》と呼ばれ、毎年霜月（一一月）に行われていた。東北地方に数多くあった霜月神楽は時代とともに消えていき、現在残っているのは、秋田県横手市の保呂羽山《ほろわさん》神社だけである。保呂羽山神社は一二〇〇年以上の歴史を持ち、秋田平野の豊作と人々の現世利益を祈り続けている。

思えば、円空との付き合いは偶然から始まった。約五〇年前、木曽川の中州で拾った一片の木切れが、これほど私の人生に関わるとは思わなかった。中州の先端が川の流れを分けるように、一片の木切れが私の人生を円空の流れに誘い込んだ。

中世の山岳信仰の世界には客人《まろうど》と呼ばれた異人がかなりいた。それは正規な渡来人ではなく、日本海で遭難して東北・蝦夷地に流れ着いた漂泊の異邦人から密航者までいた。それ以外に表の歴史に書かれていない、中央アジアから、渤海から、日本に渡ってきた異邦人もいた。

本文中にも書いたように、円空の母の実家は木地師であり、山筋と言われた裏の歴史に生きていた。山筋には山筋の世界があり、蝦夷地のアイヌや漂着の異邦人、その他各地の新しい情報が常に交換されていた。情報交換の場は、山に定住する木地師の家であった。その新鮮な情報は町の奉行所の役人たちからも聞きに来るほどであった。

古代山岳信仰から引き継ぐ修験道の中に〝遊行《ゆぎょう》〟という行《ぎょう》がある。一定の地方を回り、その中で一番高い山に登ってから、元の場所に帰ってくる行である。これを「回国、加持祈祷、一山禅頂、帰山」と呼んでいる。この遊行にも序列があり、いくつかの遊行を積んでから、最後は日本海に浮かぶ佐渡ケ島であった。

円空はこの序列を無視して蝦夷地に渡ったのである。なぜ？　その動機を解明しないで、円空、北海道空白の謎を解くことはできない。

私が歴史地理学的な推考から、北海道の現地調査にかなりの時間を費やしたのは、この持論の裏付けであった。

人間円空を語るとき、環日本海とシルクロードの歴史背景。アイヌモシリに消えていた円空の謎に包まれた一年間を解かずに、円空の空白と謎を解くことはできない。

一介の山伏であった円空は正規の教学を受けることのない私度僧であった。しかし向学心は強く、墨蹟に沙門円空と書いていたように、古代密教の思想もすでに知っていた。

しかし雑学の限界を知っていた円空は、山筋の話の中でアイヌモシリの情報も知るうちに、いつかアイヌの日常と祭事にあるカムイ信仰に魅かれていった。それは求めていた未知なる悟りであった。

＊　＊　＊　＊　＊

振り返ると、円空の足跡を訪ねていく中で、格式の高い寺社の宮司・住職に知り合えたこと、また現地での貴重な出会いもあった。これも円空のご縁と感謝している。

秋田県・鷹巣町、郷土史家の石川太栄治さんは鷹巣町と先住民族アイヌとの関わりから、数百年前から現地で語り継がれてきた円空の内容を手書きで詳しく送ってくれた。

赤神神社宮司から、

「五社堂の平成大修理が終わって秋田県立博物館に預けていた円空十一面観音立像が五社堂に里帰りする」との連絡を受けたのは晩秋であった。

約束した日に男鹿半島を訪ねて行くと、元山高道宮司、考古学者の磯村朝次郎氏、男鹿市教育委員会の泉明氏が出迎えてくれた。小雨降る中、五社堂参詣道、乱積みの石段を一緒に登っていった。五社堂・客人堂の扉を開くと、うす暗い堂内の床に白布に巻かれた十一面観音が横に寝かされて置いてあった。元山宮司が、

「先生に解いてもらおうと思っておいていました。」有難い機会を与えてくれた。

白布を解くと、円空十一面観音の木肌はまだ彫り上がったばかりのように新しかった。四人で壁面に立てかけた時、落日の夕日が真横から差し込んできて、円空十一面観音立像の顔だけが明るく浮き上がった。信じられない偶然であった。

湯沢市院内の愛宕神社を訪ねた日は、ちょうど秋の例大祭であった。温和な鎌田宮司が正装で迎えてくれた。そして銀山で賑わっていた頃の話や、隠れキリシタン殉教の悲劇を詳しく話してくれた。そのあと小野小町の故郷であることも明るく話してくれた。

山形県庄内平野の古刹、見政寺を訪ねて行った時、石田秀弌住職が先代から伝わる古文書を見せてくれた。見政寺「円空聖観音」を考察して「絶刻聖観音と時代考証」を明らかにしたのは私であった。いま石田秀弌住職は見政寺を引退していない。

杉の大木に覆われた羽黒山の参詣道を山頂まで登ったことが懐かしい。

ご縁は続いているが、鷹巣の石川太栄治さん、男鹿市の磯村朝次郎さん、愛宕神社の鎌田宮司、幾春別の杉田秋夫さんたちは、もう鬼籍に入っている。

人間円空の空白と謎を訪ねて三十有余年、長かった旅もこれで終わったと思うと、人生の有情・無情の感慨が込み上げてくる。いま世の中は新型コロナ禍感染のさなかにある。

出版を企画してくれた濱田嘉一さん、編集に協力してくれた北島聖子さん、出版社の天地人企画の有馬三郎さん、編集の吉田淳一さんはじめ、出版に関わった方々に感謝しています。

梅雨の雨、降りつづく日にペンを置く

二〇二一年六月一二日

村岡 信明

あとがき

参考文献

円空学会編『円空研究』(全五巻・別巻)、人間の科学社、一九七二~七九年。

美並村教育委員会編『美並村の円空仏』岐阜県郡上郡美並村、一九八九年。

長谷川忠崇『飛州志　飛騨資料』(岡村利平編・解説)、岐阜新聞社、二〇〇一年。

根立研介『ほとけを造った人びと——止利仏師から運慶・快慶まで』吉川弘文館、二〇一三年。


松長有慶『密教の歴史』(サーラ叢書)、平楽寺書店、一九六九年。

立川武蔵『密教の思想』(歴史文化ライブラリー)、吉川弘文館、一九九八年。

平野孝国『神道世界の構造』ぺりかん社、一九八九年(改訂版一九九七年)。

内藤正敏『日本のミイラ信仰』法蔵館、一九九九年。


網野善彦ほか編『日本海と北国文化』(海と列島文化1)、小学館、一九九〇年。

武藤鉄城『秋田マタギ聞書(増補)』慶友社、一九九四年。

磯村朝次郎編『男鹿の旅・道・宿——鹿の細道』(男鹿半島史1)、日本海域文化研究所、二〇〇〇年。

岡　正雄『異人その他――日本民族＝文化の源流と日本国家の形成』言叢社、一九七九年。

慶応義塾大学国文学研究会編『折口信夫まれびと論研究――折口信夫没後三十年記念出版1』桜楓社、一九八三年。

野本寛一『海岸環境民俗論』白水社、一九九五年。

渡部和男『院内銀山史研究』（渡部和男発行、一九九六年）

渡部和男『院内銀山史』（無明舎出版、二〇〇九年）

下出積與編『白山信仰』（民衆宗教史叢書18）、雄山閣出版、一九八六年。

菅原　進『日高見国――松尾八幡平物語』一九八九年。

岩鼻通明『出羽三山信仰の歴史地理学的研究』名著出版、一九九二年。

戸川安章『出羽修験の修行と生活』佼成出版社、一九九三年。

本郷真紹『白山信仰の源流――泰澄の生涯と古代仏教』法蔵館、二〇〇一年。

宮家　準『羽黒修験――その歴史と峰入』岩田書院、二〇〇一年。

赤坂憲雄・責任編集『東北学――時空を駆ける、フィールドワーク』東北芸術工科大学東北文化研究センター、一九九九年～（年二回発行）。

永田方正『北海道蝦夷語地名解』草風館、一九八四年。

山田秀三『東北・アイヌ語地名の研究』草風館、一九九三年。

東京国立博物館『アイヌの工芸』東京国立博物館、一九九三年。

北海道チャシ学会編『アイヌのチャシとその世界』北海道出版企画センター、一九九四年。

ジョン・バチラー『アイヌの伝承と民俗』（安田一郎訳）、青土社、一九九五年。

佐々木利和『アイヌの工芸』（日本の美術No.３５４）、至文堂、一九九五年。

チューネル・M・タクサミ、ワレーリー・D・コーサレフ『アイヌ民族の歴史と文化――北方少数民族学者の視座より』（中川裕監修、熊野谷葉子訳）、明石書店、一九九八年。

『過ぎし年月の物語』（『ロシア原初年代記』国本哲男ほか訳、名古屋大学出版会、一九八七年）

色川大吉『シルクロード遺跡と現代』小学館、一九九八年。

法隆寺『法隆寺とシルクロード仏教文化』法隆寺、一九八九年。

野間英二編『中央アジア史』（アジアの歴史と文化８）、同朋舎、一九九九年。

野間英二編『西アジア史』（アジアの歴史と文化９）、同朋舎、二〇〇〇年。

村岡信明『未知への旅漂――ロシア・東欧・シルクロード』美研インターナショナル、二〇〇五年。

沢木隆子ほか『交響男鹿――写真と詩』（秋田村文庫）、ＤＩフォト企画、一九七七年。

『日本伝説大系』（全一五巻・別巻）、みずうみ書房、一九八五〜九〇年。

『日本民俗文化大系』（全一二冊）、講談社、一九七八〜七九年。
『日本庶民生活史料集成』（全三〇巻、別巻）、三一書房、一九六八〜八四年。
未来社編『日本の民話』未来社（各版）。

北海道

『三笠市史』（三笠市教育委員会）／三笠市立博物館（幾春別）

山形県

『酒田市史』（酒田市教育委員会）／『立川町史』（立川町教育委員会）

秋田県

『秋田市史』（秋田市教育委員会）／『鷹巣町史』（鷹巣町教育委員会）／『能代市史』（能代市教育委員会）／『男鹿市史』（男鹿市教育委員会）／『本荘市史』（本荘市教育委員会）／『雄勝町史』（雄勝町教育委員会）／『大雄村史』（大雄村教育委員会）

岐阜県

「岐阜県文化資料」（岐阜県庁文化課）／「関市文化資料」（関市役所）／「上宝村文化資料」（上宝村役場）

個人論文資料提供 及び 協力

杉田時夫（北海道史研究家）
解良　守（北海道史研究家）
女鹿潤哉（岩手県立博物館学芸員）

北海道環境生活部総務課アイヌ施策推進室
北海道ウタリ協会
北海道三笠市立博物館
北海道アイヌ文化センター
出羽三山神社（山形県・羽黒山）
秋田県本荘市立郷土博物館
北海道新聞社
山形新聞社
秋田魁新聞社

村岡 信明 1932年1月，東京生まれ。

ロシア国立モスクワ・スリコフ芸術大学 名誉教授
ベラルーシ国立ミンスク芸術大学 講師　　日本美学会会員
ウズベキスタン国立東洋大学 講師　　日本ペンクラブ会員

【国際・日本・諸活動】
ソビエト連邦崩壊後，モスクワにいて激動する世界史の変遷を体験。
東欧社会主義政権崩壊時，東ドイツ，ハンガリー，チェコを訪問。
北方芸術の研究でロシア，北欧，ヨーロッパ，東欧を歴訪。
ハンガリー政府観光局の招聘でハンガリー世界遺産を巡り，出版。
五社堂（日本・秋田県重要文化財）学術顧問。
岩手県文化芸術振興審議会委員（東日本大震災の復興に提言。）

【美術展（主催者）**】**
「日本の旅漂，東京大空襲」（ロシア文化省，東洋美術館）
「東京大空襲50年記念」（東京都）
「東京大空襲50年記念」（新居浜ロータリークラブ，愛媛新聞，NHK）
「ロシア・東欧の旅漂」（兵庫県，神戸市）
「ロシア・東欧の旅漂」（JR西日本）
「ウズベキスタン・第一回ビエンナーレ」（日本代表。UZ美術家同盟）
「沖縄・那覇大空襲」（那覇市，琉球新報，沖縄タイムス，NHK）

【作品収蔵】
昭和館（日本国立歴史資料館）アーカイブ180点
カトリックイエズス会（日本カトリック総本部）
ベラルーシ国立ミンスク博物館
ロシア国立東洋美術館，ロシア大使館
HYMC陶器コレクション（東京大空襲と焼け跡の子供たち，など）

【出版（発行所）**】**
『赤い涙――東京大空襲・死と生の記憶』（クリエイティブ21）
『未知への旅漂――ロシア・東欧・シルクロード』（美研インターナショナル）
『ハンガリー世界遺産』（ハンガリー政府観光局）
『ロシア アバンギャルド』，『パリの旅漂』，美術批評など，多数。

北アルプス 奥穂岳山頂にて

円空 破れ笠── 人間円空の物語

2022年1月2日　第1刷発行

定価はカバーに
表示してあります

著　　者　村岡信明

出版企画　濱田嘉一

発 行 者　有馬三郎

発 行 所　天地人企画

〒134-0081 東京都江戸川区北葛西4-4-1-202
電話/Fax 03-3687-0443　振替 00100-0-730597

編集協力　北島聖子

表紙カバー基本デザイン　村岡宣紀《よしのり》

装　　丁　㈲VIZ中平都紀子

印刷・製本　㈱光陽メディア

ISBN 978-4-908664-11-3 C0023